AF477241

Trading intradía para principiantes

Fundamentos y consejos para el trading intradiario.

Andres Perez

receptor. Bajo ninguna circunstancia se tendrá responsabilidad legal o culpa alguna contra el editor por cualquier reparación, daño o pérdida monetaria debido a la información aquí contenida, ya sea directa o indirectamente.

Las marcas comerciales que se utilizan aquí no tienen ningún consentimiento y no tienen permiso ni respaldo del propietario de la misma. Todas las marcas comerciales y marcas en general de este libro son sólo para fines de aclaración y son propiedad de los propios dueños no afiliados a este documento.

Introducción

El trading intradía es una de las cosas más difíciles, si no la más difícil, que emprenderás en tu vida. Por lo tanto, la necesidad de practicar no debería ser una sorpresa. A continuación, voy a cubrir las 10 razones por las que debe practicar el trading intradía.

Trading intradía: El fundamento teórico

En las plataformas en las que practicarás el trading, las operaciones son muy intuitivas y pueden, por lo tanto, ser aprovechadas tanto por expertos en el sector que requieran la capacidad de operar profesionalmente, como por principiantes que quizás nunca hayan utilizado este tipo de instrumentos, pero que igualmente quieran generar ingresos mensuales invirtiendo en el mercado de valores.

Una de las razones por las que vale la pena aprender las estrategias bursátiles radica en el hecho de que estoy seguro de que tú también siempre has soñado con encontrar un trabajo que no te obligue a desplazarte durante largos tramos, quizás quedándote atrapado en el tráfico y el caos de la ciudad, un trabajo que no te obligue a decir que sí al jefe de turno que quizás ni siquiera merezca ocupar ese lugar, un trabajo en el que no te veas obligado a hacer horas extras para poder llegar a final de mes cargándote de estrés y cansancio. Por eso creo que el trading con estrategias del mercado de valores es la mejor alternativa posible, no sólo fuera de internet sino también online. Ser independiente en este prometedor mundo te garantiza la posibilidad de sacudirte los problemas ligados a la crisis para ganar tu libertad (¡dinero!) y convertirte en el dueño de tu propia vida.

Mil buenas razones para operar con la estrategia adecuada

Si te encuentras aquí, de alguna manera habrás oído hablar de la posibilidad de operar en el intercambio de valores. Si quieres tomar este camino, te pido que no te sientas intimidado o asustado por tu posible futuro como operador financiero.

El trading de acciones en línea se ha convertido en algo para principiantes, o más bien tan simple que no se necesita tiempo para conocer las herramientas que se emplean ya que al final son fáciles de usar. Si hasta hoy solo has desempeñado profesiones modestas y no tienes una titulación superior, quizás pienses que no estás a la altura de este tipo de actividad. Tal vez creas que la bolsa y los mercados, así como las estrategias para ganar dinero, están por encima de tus posibilidades. Basta ya de esta mentalidad de perdedor. La verdad es que no tienes nada que envidiarle a nadie y tienes el potencial para estar a la altura de los demás y, por qué no, también para sobresalir, sobre todo en un mundo donde reina la meritocracia como el de la bolsa y los mercados financieros en internet.

Millones de personas en todo el mundo han elegido el camino de la inversión de su capital en línea, aunque sea muy pequeño. Ahora puedes hacerlo tú mismo poniendo en práctica las estrategias de mercado que te propondré a lo largo de esta guía.

Aplicar las técnicas de bolsa adecuadas

¿Crees que estas personas conocen cada uno de los mercados nacionales y la totalidad de los secretos de los mercados financieros para poder ganar un sueldo a final de mes en este tipo de actividad? Esto no es así. Cualquiera que gane dinero con el trading online lo hace a partir de pocos conocimientos pero útiles. Por lo tanto, no es una cuestión de cantidad, sino de calidad. Pocas estrategias de mercado de valores pero correctas, te convertirán en un trader establecido y exitoso que puede permitirse comprar lo que quiera con total independencia y sin tener que pedirle nada a nadie.

Hay que conocer y aplicar la técnica adecuada a los valores correctos. Apréndela primero a través de la teoría y luego ponla en práctica probándola continuamente, y optimizándola en base a tu metodología de trading. No dejes pasar los temas que vienen y descubre de inmediato las mejores estrategias de mercado. El camino que te llevará a convertirte en un verdadero trader puede ser extenso y tortuoso, pero al final merecerá la pena, y finalmente te sentirás satisfecho en una ocupación libre de condicionamientos y del acoso del mundo laboral tal y como lo has conocido siempre.

Si empiezas a hacer trading hoy mismo, tu antigua vida ya formará parte del pasado porque estás a punto de sumergirte en un círculo virtuoso de oportunidades reales para convertirte en un as del trading de valores. ¡Ánimo!

Diferencia entre táctica y estrategia de mercado

Las estrategias de mercado de acciones modernas han sido concebidas para cambiar definitivamente los viejos cánones de la inversión tradicional que han hecho que todo sea demasiado lento y rígido, demasiado difícil de aplicar, y esto ha causado a los traders muchos problemas e insatisfacciones, tanto que muchos se han visto forzados a abandonar esta prometedora actividad.

Con las nuevas estrategias, el objetivo ha sido hacer que el trading sea asequible y factible para todo el mundo: las puertas están abiertas de par en par, y cualquiera que lo desee hoy puede entrar sin sufrir los típicos problemas del pasado.

Lo que se necesita para sacar el máximo provecho en todos los aspectos de las estrategias que te propongo es solo un conocimiento básico del tema del trading. En consecuencia, no estás llamado a saberlo todo para empezar a ganar.

Por lo tanto, trading no significa tener un título en economía. Al fin y al cabo, ¿quién esta dispuesto hoy en día a afrontar 5 años de estudios para ganar dinero? Es realmente demasiado tiempo y demasiado sacrificio para ponerlo en marcha, por lo que las técnicas que hay que utilizar para ganar son estrategias sencillas pero eficaces que garantizan el éxito de las operaciones en la mayoría de los casos.

Pero, ¿por qué en el trading se habla de estrategias y no de tácticas, y porque las primeras son mucho más exitosas y seguras que las segundas? El discurso es elemental y quiero aclarartelo con las siguientes breves definiciones:

Estrategias de inversión

La estrategia es la descripción de un plan de acción a largo plazo que sirve para establecer y coordinar posteriormente todas las acciones que sirven para alcanzar un propósito concreto y específico. Las estrategias pueden aplicarse en todos los ámbitos para alcanzar el objetivo. Por lo tanto, llevan a cabo la tarea de obtener una mayor seguridad realizando una serie de operaciones separadas que ayudan a alcanzar un objetivo final.

En el caso del trading, estamos hablando del beneficio, que es sin duda el único objetivo primordial que impulsa a la gente a entrar en este negocio.

La simple táctica, en cambio, es un tipo de acción que se adopta en base al logro de objetivos específicos, pero en este caso estamos hablando de pequeños resultados a corto plazo.

La adopción de tácticas no sería eficaz ni satisfactoria en el ámbito del trading porque no se trata de un plan estructurado, sino de planes simples para lograr pequeños objetivos temporales. En resumen, con una táctica también se puede ganar una batalla, pero no la guerra; ganar una guerra requiere una ESTRATEGIA más amplia.

Lo que todos los traders pretenden conseguir es un éxito constante y duradero en el tiempo que dé una seguridad total de unos ingresos mensuales y unos cobros concretos de forma anual. En el trading de mercados de valores, es posible conseguir todo esto utilizando estrategias. Sin estrategias, podrías perecer como trader muy pronto.

La aplicación de estrategias de mercados de acciones requiere atención y muchas precauciones, sobre todo al principio, cuando no se es muy experto. En determinadas situaciones, cuando los mercados se vuelven inciertos o descuidados, no se sabe cómo actuar y se corre el riesgo de cometer errores. Sin embargo, ante determinados errores, las estrategias por sí solas no presentan soluciones; en esos casos, será la experiencia la que actúe como maestro y te sugiera los movimientos correctos a realizar.

¿Cuánto se gana si se utiliza la mejor estrategia para invertir?

Con los instrumentos financieros disponibles hoy en día, los márgenes de beneficio son sencillamente impresionantes. Operando de la forma correcta, se puede ganar mucho dinero incluso a diario, pero en ese momento hay que tener en cuenta otros factores como la habilidad del operador, la capacidad de evitar las pérdidas, la cantidad de capital de que se dispone, pero también los pequeños golpes de suerte que de vez en cuando pueden ayudar a aumentar los beneficios.

La cantidad de dinero que se puede ganar entonces también depende, sobre todo, del producto financiero que se pretenda utilizar. Las diferencias no son muy marcadas, pero sí tangibles, dependiendo de si prefiere operar con contratos por diferencia (en inglés, CFD o *contract for difference*), divisas o invertir en el trading social.

Estrategias de mercado y gestión del dinero

Si tienes la intención de hacer operaciones en el mercado de acciones, no cabe duda de que, tarde o temprano, tendrás que entrar en contacto con las reglas de la gestión monetaria o con todo lo que concierne a la gestión del dinero y de tu preciado capital de inversión.

La gestión monetaria te muestra el camino para una correcta gestión del dinero, por lo que es fundamental en el trading, pero sus reglas también se aplican en otros campos tan variados como en la economía doméstica o empresarial. En definitiva, las reglas que dicta son bastante sencillas y se deben al puro y simple sentido común, pero en cualquier caso, será necesario observarlas religiosamente para evitar encontrarte con graves problemas en tu carrera como trader.

Los creadores de las primeras técnicas de gestión monetaria tuvieron claro que era necesario producir una nueva conciencia del uso del dinero en sus inversiones, imponiendo por primera vez el concepto de diversificación y diferenciación de la cartera de valores para reducir los riesgos de operaciones y las pérdidas en el capital de inversión de forma drástica.

Por lo tanto, un enfoque estratégico al mercado de acciones no puede ignorar el conocimiento de los preceptos fundamentales de la gestión del dinero, que exigen establecer siempre el límite de gasto y el presupuesto disponible al principio.

En el ámbito del trading, esto significará establecer los riesgos que estás dispuesto a correr dentro de ciertos límites que ni siquiera un "Indiana Jones" del trading podría pensar en cruzar; de lo contrario, te enfrentarías al suicidio económico a la velocidad de la luz. Los principios de gestión monetaria te ayudan a poner en la balanza tanto los riesgos como los beneficios potenciales para entender si un determinado movimiento en los mercados debe ser explotado o no; en otras palabras, te ayuda a saber si el juego vale la pena.

Si aprendes a poner en práctica las reglas de la gestión del dinero, tu éxito a largo plazo puede estar prácticamente asegurado, pero incluso en el corto y mediano plazo será más probable y fácilmente accesible que aciertes. En resumen, toda esta charla se convierte en una necesidad de eficiencia en la inversión.

Los mejores traders son los que pueden minimizar las pérdidas, que ni siquiera el gurú de la economía podría evitar, y aumentar los beneficios cada vez más.

La clave de todo esto es precisamente el hecho de que antes de aprender a ganar a los aspirantes a traders, hay que enseñarles la importancia de aprender a perder. Sufrir pérdidas y desembolsar dinero es algo natural en el trading, y hay que tratar de entenderlo y no darle demasiada importancia cuando se produce una caída.

La regla principal de la gestión monetaria establece que nunca, jamás, se debe poner en riesgo más del 5% del capital total disponible en una sola operación de trading.

Hacerlo sería una estupidez porque significa que, en caso de pérdida, habría que perder mucho tiempo intentando recuperar la posición negativa si se consigue. Además, hay que evitar perder más del 30% del capital total disponible en una sola jornada de negociación.

El trading intradía es un negocio serio

Algunas personas que empiezan a operar en el trading intradía piensan que es un juego y una diversión y no se toman la profesión en serio. Pero esto es un gran error. Aunque quieras disfrutar de lo que haces, siempre debes recordar que se trata de un negocio serio.

Hay algunos tipos de inversión que son más fáciles de manejar como una carrera secundaria o para los fines de semana. Si este es el tipo de inversión que estás buscando, no querrás considerar el trading intradía. Este tipo de inversión está destinado a ser un negocio diario y muchas personas lo consideran su trabajo diario.

Esto significa que una vez que decidas convertirte oficialmente en un trader intradía, debes tratarlo como lo harías con cualquier otra carrera. Debes levantarte por la mañana, prepararte para el día y asegurarte de que estás listo para trabajar a la hora establecida, que puede ser tan temprano como las 7 a.m.

Aunque tendrás cierta flexibilidad en tu horario con respecto a un trabajo normal—o que significa que podrías establecer una hora de inicio un poco más tarde por la mañana—querrás asegurarte de establecer un horario que cumplirás al menos de lunes a viernes. Incluso trabajando desde casa, deberás asegurarte de limitar las distracciones. Por ejemplo, no es conveniente que busques concentrarte en el trading intradía y veas la televisión al mismo tiempo. Instala una oficina para ti y preste atención a tu trabajo. Prepárate para tu jornada como trader intradía del mismo modo que lo harías para tu trabajo en cualquier otra oficina. No te dirijas a tu oficina en pijama. Es más probable que sientas que quieres esforzarte al 100% y tener éxito si tratas esto como una carrera.

El trading intradía no te ayudará a hacerte rico rápidamente

No debes considerar el trading intradía como un método para hacerte rico rápidamente. Esta es una idea errónea muy común, y una de las razones por las que la gente suele recurrir al trading intradía. Si de verdad quieres convertirte en un trader intradía de éxito, tendrás que asegurarte no solo de tener paciencia para construir tus inversiones, sino que también debes darte cuenta de que lleva tiempo.

El trading intradía es más difícil de lo que parece

El trading intradía no es tan fácil como parece, pero esto no significa que debas dejar este libro y decidir no convertirte en un trader intradía. Solo significa que probablemente tendrás que dedicar más tiempo a aprender de lo que pensabas inicialmente. Querrás asegurarte de que estás bien versado en el campo antes de hacer tu primera inversión. Quiero darte una guía completa para principiantes de modo que puedas aprender todo lo más posible sobre el trading intradía y así comenzar tu viaje en un solo lugar. En otras palabras, he hecho la mayor parte de la investigación por ti.

El trading es diferente de la inversión

Una de las principales reglas que debes entender antes de convertirte en trader intradía es que esto es diferente a invertir. Para ayudarte a entender la diferencia, aquí tienes algunas diferencias básicas entre el trading y la inversión:

Como inversor, necesitas tener una idea de hacia dónde se dirigen las acciones en el futuro. Sin embargo, como trader intradía, solo tienes que preocuparte de qué acciones te proporcionarán la mejor ganancia financiera en ese día. Te fijas más en los minutos. De hecho, ni siquiera prestarás mucha atención a las horas y no te preocuparás por el día, la semana, el mes o el año siguientes.

No ganarás todas las operaciones

No importa la experiencia que adquieras como trader intradía, siempre habrá días en los que pierdas en una operación. Mucha gente crea una imagen en su mente en la que se convertirá en alguien tan experimentado en el trading que nunca cometerá un error y solo ganará capital.

Cada juego tiene sus reglas y normas, y el trading intradía no es diferente. En el caso de que seas un principiante en el juego, debes tener en cuenta todas las reglas estándar que se han establecido para controlar el mismo. Dicho esto, es importante tener en cuenta que estas reglas no son inquebrantables, pero pueden ser instrumentales a la hora de tomar decisiones con respecto al trading intradía.

Hay numerosas reglas de trading intradía con las que tienes que familiarizarte, independientemente de si se especializa en mercado de divisas, acciones, opciones, criptodivisas o futuros. Si no se respetan algunas de las reglas, pueden producirse pérdidas significativas.

Aunque algunas reglas difieren según el lugar donde te encuentres y el tamaño de tu operación, me centraré en las más importantes. Además, igualmente te hablaré de las reglas que los principiantes pueden poner en práctica al aventurarse en el complicado campo del trading intradía. Estas reglas también ayudarán a los traders experimentados a mejorar su desempeño en el trading, por ejemplo, en el área de la gestión del riesgo.

Reglas para principiantes

Entrar, salir y escapar

Un error importante que cometen los principiantes es saltar a la arena sin un plan de juego bien pensado. No te atrevas a pulsar la tecla "entrar" si no tienes un plan de cómo entrar y salir. Es comprensible que algunos elementos de excitación puedan presentarse cuando eres nuevo en el campo. Sin embargo, es importante tener en cuenta que si no tienes un plan formidable, te quedarás fuera del juego por completo. Haz uso de las reglas de gestión del riesgo, así como de la orden "detener pérdidas" (en inglés *stop-losses*) para minimizar o reducir las pérdidas.

El tiempo oportuno

Seguro que sueles levantarte temprano y con mucho ánimo, listo para afrontar la jornada que te espera en el ámbito del trading intradía. Sin embargo, evitar el primer cuarto de hora en el que se abre el mercado es posiblemente una de las reglas de trading más cruciales que hay que cumplir. La mayor parte de la actividad que tiene lugar en ese momento consiste en órdenes de mercado o en operaciones de pánico de la noche anterior. En su lugar, deberías utilizar este periodo para hacer un seguimiento de los retrocesos. Los traders intradía más experimentados también evitan el primer cuarto de hora.

Sé consciente del margen

¿Recuerdas los días en que empezabas y buscabas capital? Era muy fácil caer por un margen. Sin embargo, debes tener en cuenta de que se trata de un préstamo, un préstamo que hay que devolver. En la misma medida en que puede revitalizar tus beneficios, también tiene la capacidad de dejarte alimentando pérdidas significativas. Por lo tanto, es aconsejable aprender a operar como corresponde antes de recurrir al margen.

Cuentas de demostración

Tienes mucho que aprender y absolutamente nada que perder si tomas la iniciativa de practicar primero con una cuenta de demostración. Puedes perfeccionar tus habilidades con mucho tiempo y espacio para la prueba y el error porque estás siendo financiado con dinero ficticio. Muchos corredores te darán cuentas gratuitas para que puedas practicar porque son el mejor lugar para aprender sobre estrategias, patrones y gráficos, así como prácticas de 15 minutos de trading intradía.

Aprende a aceptar la pérdida

Prácticamente todos los traders veteranos han conseguido lo que han logrado porque estaban dispuestos a perder y a aprender de ello. Perder es solo el camino para conseguir más experiencia, acéptalo.

Dicho esto, también es muy importante reducir las pérdidas.

Asimílalo todo

Un veterano dijo una vez que un gran trader es similar a un atleta: puede poseer las habilidades adecuadas, pero tiene que entrenarse en cómo utilizarlas. La autocomplacencia no debe ser algo a lo que aspiren los grandes traders porque siempre deben buscar una ventaja real frente a los demás. Esto significa que utilizan una amplia gama de recursos para mejorar sus conocimientos. Pueden utilizar cualquier cosa, desde vídeos, libros, blogs y foros.

Haz una evaluación de los consejos

Es normal emocionarse cuando se recibe un consejo que invita a la reflexión. Sin embargo, los consejos no confirmados de fuentes relativamente poco fiables pueden provocar pérdidas importantes. Jesse Livermore, un trader, dijo que la experiencia le había enseñado un consejo o una serie de consejos que le harían ganar más dinero del que su juicio puede. Por lo tanto, asegúrese de comprobar dos veces cualquier información que pueda afectar a sus decisiones como trader.

Reglas de la gestión de riesgos

Las reglas de gestión monetaria y los riesgos del trading intradía son determinantes para la prosperidad de un trader. Aunque no es necesario seguir estas reglas al pie de la letra, han demostrado ser indispensables para muchos.

Regla del 1% de riesgo

En este caso, la idea es evitar que operes por encima de tu capacidad. Cuando practicas esta técnica, independientemente de si se trata de una subvención en una operación específica o no, siempre tendrá algo de dinero en el banco para evitar que se quede sin dinero demasiado rápido.

La idea es que nunca debes realizar operaciones con más del 1% de su cuenta total en una sola operación. Por ejemplo, si su cuenta tiene 50.000$, solo utilizarás hasta 500$ en tu operación.

¿Por qué usarla?

Tendrías que perder más de 100 operaciones simultáneamente para liquidar el saldo de tu cuenta bancaria por completo. Esto es importante para salvaguardar tus ganancias cuando las condiciones del mercado son volátiles y le harían consumir todo el saldo que necesitarías en un momento diferente: cuando obtengas buenas ganancias en el proceso.

Apuesto que te preocupa no obtener los máximos beneficios si operas de forma tan exigua. Tranquilízate, aún puedes obtener buenos ingresos. Si apuestas un 1%, deberías esperar un beneficio de entre el 1,5 o 2%. Si operas varias veces al día, los beneficios se harán evidentes.

Podría decirse que es el mejor enfoque para las personas que están empezando. En la medida en que se llega a experimentar a través de la prueba y el error, las pérdidas pueden venir rápido y de forma abundante. Sin embargo, si eres constante, te enseñaré los trucos del juego hasta que te conviertas en un veterano en el trading con un arsenal de técnicas para obtener los máximos beneficios en el entrenamiento diario.

Ganar dinero con los fondos de inversión cotizados (ETFs)

Los fondos de inversión cotizados (en inglés ETF o *Exchange-Traded Funds*), son una gran oportunidad para las personas que desean la tranquilidad de negociar valores como las acciones, pero todavía quieren la seguridad comparable a los fondos mutuos.

En comparación con la idea general del trading de acciones, el concepto de ETF es nuevo y lucrativo. Pueden tener una bolsa mixta de valores como acciones, bonos y materias primas.

Una de las mejores cosas de los ETFs es que reducen el riesgo de forma increíble gracias a la diversificación. Pueden tener una serie de valores de una amplia variedad de industrias. Esto supone que incluso si una industria específica o todo el segmento se hunde, no supondrá que toda tu inversión baje. Esta es una mejor cobertura de protección en mente a diferencia de otros fondos, dado que los ETFs siguen asegurando que tu dinero crezca a un ritmo más rápido porque en realidad estás invirtiendo solo en acciones.

Lo segundo mejor de los ETFs es que no son tan caros como los fondos mutuos. El mayor problema de los fondos mutuos es que su coste total es más elevado, ya que hay varias comisiones en forma de cargos para los gestores de fondos, las empresas de consultoría, etc. Para un pequeño inversor, esto puede suponer un gran pellizco, puesto que no se invertirá mucho dinero en acciones.

También puedes optar por ETFs que sean específicos de un sector, si quieres ir en busca de un sector concreto. Esto puede ayudarte a aumentar tu patrimonio más rápidamente, y tu riesgo y gastos seguirán siendo menores en comparación con los fondos de inversión y las acciones individuales. Esto nos lleva a la pregunta principal.

¿Qué son los ETFs?

Los fondos de inversión cotizados son valores abiertos. Comprenden una cesta de valores que puede ser de un sector específico o también de una serie de sectores. Los fondos de inversión cotizados también pueden tener otras clases de activos como bonos y materias primas. Estos valores se utilizan para evaluar el rendimiento global de un índice y se puede operar con ellos como con las acciones.

Supongamos que tienes esperanzas en el comportamiento de la industria del automóvil en un futuro próximo. Esperas que suba rápidamente. Sin embargo, el principal problema es que no estás seguro de una empresa concreta. Otro problema es que no tienes tanto dinero para invertir en las acciones de todas las empresas de ese segmento.

Los ETFs son una solución a este problema. Agrupan las acciones de un sector específico. Así que ahora puedes comprar ETFs que han invertido en coches deportivos. Había una gran gama en la que decidiste no invertir por no tener confianza en ellos. Dejaste fuera los turismos, los vehículos comerciales, los vehículos de dos ruedas, el segmento económico, etc. Sin embargo, aun así, has elegido una serie de acciones de un sector que podría haber requerido el desembolso de mucho dinero.

Los ETFs te ayudan en esto al agrupar varias acciones y dar a los inversores la oportunidad de invertir cantidades más pequeñas.

Según un informe publicado en ETF.com, la inversión en ETFs en Estados Unidos superó los 4 billones de dólares a mediados de 2019. El SPDR S&P 500 ETF Trust, lanzado en enero de 1993, se ha convertido en el mayor y más líquido ETF con activos de más de 272.000 millones de dólares y un volumen medio diario de 18.000 millones de dólares.

¿Por qué deberías comprar ETFs?

Los ETFs son una gran opción de inversión debido a una serie de razones:

- **Menor riesgo debido a la diversificación:** Una de las principales razones por las que tienes dudas en invertir en un sector específico es que se temes de perder dinero. No se puede estar completamente seguro del futuro de un sector específico. No obstante, los ETFs tienen inversiones diversificadas, y por lo tanto sus fondos son comparativamente más seguros.

- **Bajo costo:** Los fondos mutuos son gestionados activamente por gestores de fondos y presumen de mayores beneficios. Pero todos sabemos que los costos de operación de los fondos de inversión son altos, y los ETFs pueden proporcionar un grado similar de diversificación a una fracción del costo. Los ETFs se gestionan de forma pasiva y tienen unos costos de gestión muy bajos. Incluso operar con ETFs es comparativamente más barato, ya que los costos de corretaje no son muy altos. De hecho, algunos de los corredores también pueden proporcionar ETFs con cero comisiones de corretaje.

- **Liquidez, ya que se pueden negociar como las acciones:** Esta es otra ventaja de oro de los ETFs. Puedes, literalmente, negociar los ETFs durante el trading intradía y registrar tus ganancias cuando lo desees. Pueden negociarse exactamente igual que las acciones. Salir de ellos es tan fácil como todo lo demás. Esta facilidad no está disponible con los largos períodos de bloqueo de los fondos mutuos.

- **Eficiencia fiscal:** Para los inversores a largo plazo, los ETFs son muy eficientes desde el punto de vista fiscal. La rotación de los valores de la cartera es escasa, por lo que las obligaciones fiscales son reducidas.

Tipos de ETFs

ETFs de acciones

Estos tipos de ETFs siguen el comportamiento de las acciones en varios segmentos. Puedes elegir ETFs que sigan la evolución de valores de gran capitalización, de mediana capitalización o de un sector o segmento específico. Los ETFs también pueden seguir segmentos a nivel global. Estos ETFs te dan la ventaja de cosechar el beneficio de segmentos específicos en el mercado de acciones.

ETFs de índices

Esta es la categoría más amplia de ETFs disponibles. En ella, los ETFs tratan de seguir el comportamiento de todo el índice. El índice puede ser de cualquier segmento. Por ejemplo, puede tener ETFs para índices basados en materias primas y bonos.

ETFs de materias primas

Si quieres ir en la búsqueda del comportamiento de varias materias primas, puedes comprar ETFs que sigan el desempeño de las mismas. Antes esto era casi imposible para los pequeños inversores, ya que las materias primas solo podían comprarse en grandes lotes. Sin embargo, ahora puedes incluso comprar ETFs de materias primas por denominaciones más pequeñas. En este caso, deberás comprender que el mercado de materias primas es altamente especulativo y que, aunque tu inversión baje, el riesgo del mercado sigue siendo el mismo.

ETFs de bonos

Si quieres mantener tus inversiones libres de riesgo, puedes optar por ETFs que siguen bonos. En tiempos de dificultades en el mercado, esta puede ser tu mejor inversión, dado que los bonos rara vez se enfrentan a la tensión del mercado.

ETFs de divisas

Hay ETFs que también invierten en divisas, y si quieres especular en esa área, éstos le darán la oportunidad de hacerlo.

La relación riesgo-recompensa en los ETFs es alta, y también dan a un pequeño inversor la posibilidad de probar los grandes segmentos que eran inabordables con inversiones menores. Los ETFs le abren un campo de juego igualitario y si quiere asumir un riesgo, puede hacerlo. Sin embargo, también le dan la opción de ir a lo seguro e invertir su dinero de forma diversificada. Como principiante, puede dar una oportunidad a los ETFs, ya que presentan oportunidades razonables de generación de riqueza y también le ayudan a ahorrar impuestos.

Gráficos

Tipos de gráficos

El análisis técnico es el estudio del precio, el volumen y el tiempo para identificar patrones que han ocurrido en el pasado y que podrían repetirse de nuevo en el futuro. Los analistas técnicos (a veces llamados técnicos) tienen muchas herramientas a su disposición hoy en día, y una de las más básicas es el gráfico. Los traders intradía pueden encontrar gráficos en una gran variedad de fuentes y proveedores de servicios.

Gráfico de líneas

Un gráfico representa el precio en el eje vertical Y el tiempo en el eje horizontal X. La parte derecha del gráfico representa los datos más recientes, y más allá no hay nada, es el futuro. El gráfico de líneas es el tipo de gráfico de precios más sencillo. Se puede trazar para cualquier marco temporal, como el intradiario (5, 10, 20 minutos), el horario, el diario, el semanal o el mensual. Por ejemplo, a continuación, se muestra un gráfico lineal simple para el EUR/USD. Se trata de un gráfico diario, lo que significa que el gráfico se actualiza con cada nuevo día de negociación, y el día de negociación más reciente aparece en el extremo derecho. El euro no se ha comportado bien frente al dólar durante este período, y este gráfico lineal diario muestra un notable descenso, o tendencia a la baja. Es hora de reservar ese viaje de ensueño a la costa de Amalfi con el que siempre has soñado.

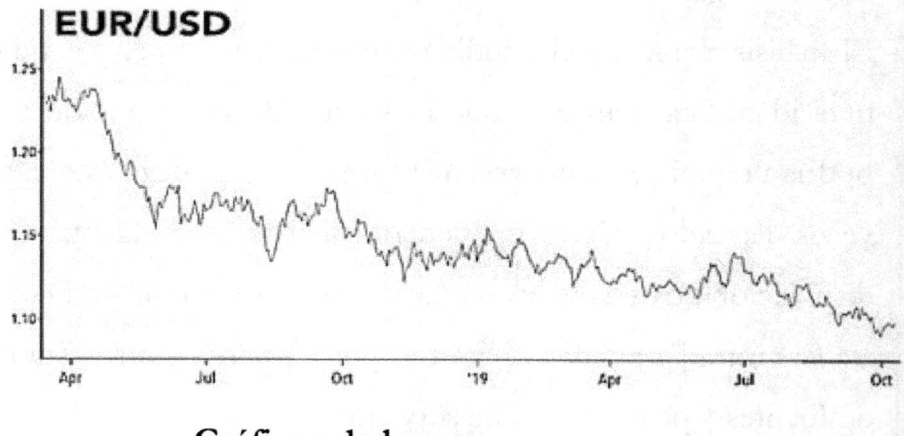

Gráficos de barras

Los gráficos de líneas sólo muestran el precio más reciente (el último o el de cierre), pero los gráficos de barras incluyen otros datos sobre el precio. Estos gráficos se denominan a veces gráficos OHLC (Open, High, Low, Close) y capturan cuatro precios diferentes del día (o de cualquier marco temporal seleccionado).

GRÁFICO OHLC

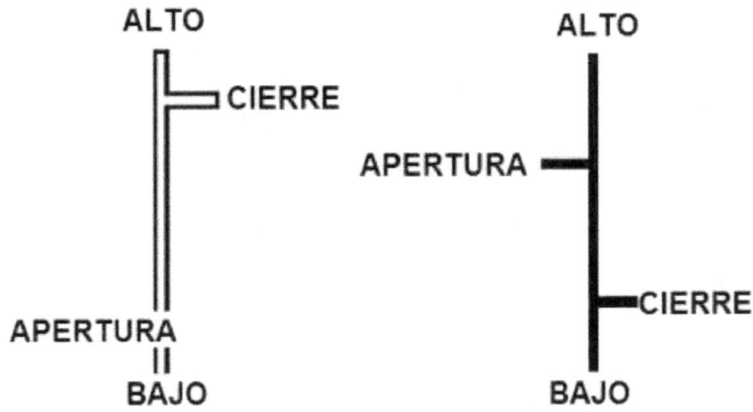

- **Apertura (Open):** Es el primer precio dentro del periodo definido por la barra, y es una pequeña línea horizontal en el lado izquierdo de la barra.

- **Alto (High):** La parte superior de la barra es el precio más alto del día.

- **Bajo (Low):** El punto más bajo de la barra es el precio más bajo del día.

- **Cierre (Close):** El precio final o último del día (o el precio más reciente si el mercado está abierto), es la pequeña línea horizontal en el lado derecho de la barra.

Dado que cada barra recoge el precio máximo y mínimo, su longitud nos da una idea del rango de movimiento del precio. Las barras más largas revelan que el rango de negociación (diferencia entre el máximo y el mínimo) es mayor que en los periodos en los que las barras tienen una longitud más corta. La imagen anterior muestra el OHLC del par de divisas EUR/USD durante un periodo de varios meses.

Gráficos de velas

Muchos de los ejemplos que puede encontrar en la web utilizan gráficos de velas, que son herramientas centenarias utilizadas por primera vez por los cultivadores de arroz japoneses. Un gráfico de velas diario recoge los precios de apertura, máximo, mínimo y cierre del día. La principal diferencia entre un gráfico de barras y un gráfico de velas es que hay un "cuerpo" rectangular en la vela creado por la apertura y el cierre de la barra.

GRÁFICOS DE VELA

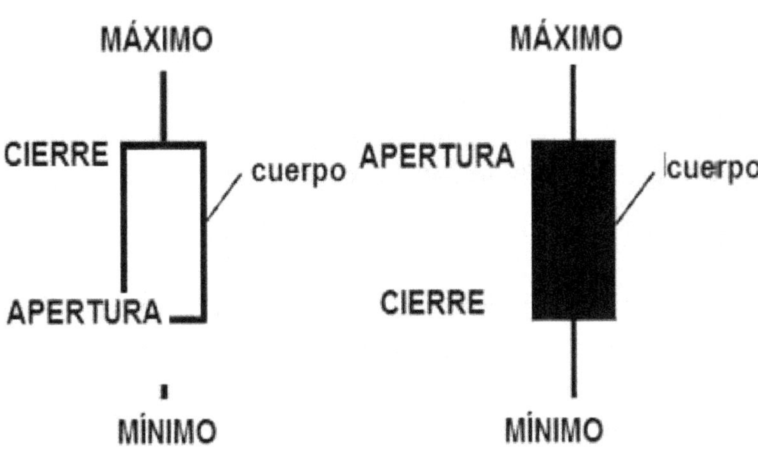

Las líneas por encima y por debajo del cuerpo de una barra de velas, que semejan las mechas de las velas, representan los máximos y mínimos de la barra. La longitud de cada vela variará en función de los máximos y mínimos de la barra, y el cuerpo será mayor o menor en función de la diferencia entre los precios de apertura y cierre, con un cuerpo grande que indica un rango más amplio entre el primer precio y el último de la barra.

Además, el color de la barra es importante. El rojo (u oscuro, en los gráficos en blanco y negro) en un gráfico diario significa que el mercado abrió al alza y cerró a la baja: fue un día bajista (o una barra bajista). El color verde (o más claro) sugiere que el mercado cerró más alto que donde abrió, fue un día alcista (o una barra alcista). En otras palabras, los gráficos de velas suelen utilizar colores más claros, como el verde, para indicar que la barra cerró más alto que donde se abrió. Los colores más oscuros, como el rojo, se utilizan para indicar lo contrario.

Al igual que los gráficos de líneas, los gráficos de barras y velas se pueden trazar para cualquier marco temporal. Los gráficos diarios son los más habituales, y cada barra representa un día de cotización. Los gráficos semanales y mensuales ofrecen una visión de las tendencias a largo plazo. Los traders intradía suelen centrarse en los gráficos a corto plazo.

En algunos gráficos, cada barra representa 5, 10, 15 o cualquier otra cantidad de minutos de datos. En otros gráficos, cada barra representa un número determinado de ticks (cambios ligeros en el precio), como 233, 377 o 610 ticks. Otro tipo de gráfico tiene barras que representan la extensión de un rango de precios determinado.

La razón principal por la que confío en los gráficos de velas, y por la que los verás utilizados a lo largo del libro, es que los encuentro más atractivos visualmente que los gráficos de líneas o de barras. Además, los gráficos de velas revelan mucha información útil sobre los cambios de precios. Son fáciles de ver y bastante sencillos de entender una vez que se entienden los fundamentos. A veces también utilizo los gráficos OHLC para el trading intradía, porque en ellos caben muchas más barras de precios que en los gráficos de velas, lo que le da una perspectiva más amplia y a más largo plazo.

Tipos de gráficos para el trading intradía

Algunos de los mejores gráficos para el trading intradía se basan en rangos, número de ticks o volumen. Estos gráficos son un poco diferentes de los gráficos de precios tradicionales, que simplemente trazan el precio en el tiempo. Veamos 6 ejemplos de gráficos a corto plazo del Russell E-mini para entender mejor qué tipo de gráficos son ideales para el trading intradía.

Gráficos basados en el tiempo

Ya hemos visto ejemplos de gráficos diarios basados en el tiempo, pero los traders intradía normalmente quieren centrarse en los gráficos intradía con intervalos como 2, 5 o 10 minutos. Por ejemplo, en un gráfico de 2 minutos, ¿qué significa simplemente que después de dos minutos se cierra una barra y se abre una nueva? El concepto es el mismo que el de un gráfico diario o semanal, pero el intervalo de tiempo es de solo 2 minutos. Yo lo llamo gráfico de tiempo rápido (a diferencia del gráfico diario, que sería un gráfico más lento). Es una herramienta perfecta para observar la acción del precio y hacer trading con diferentes configuraciones intradía.

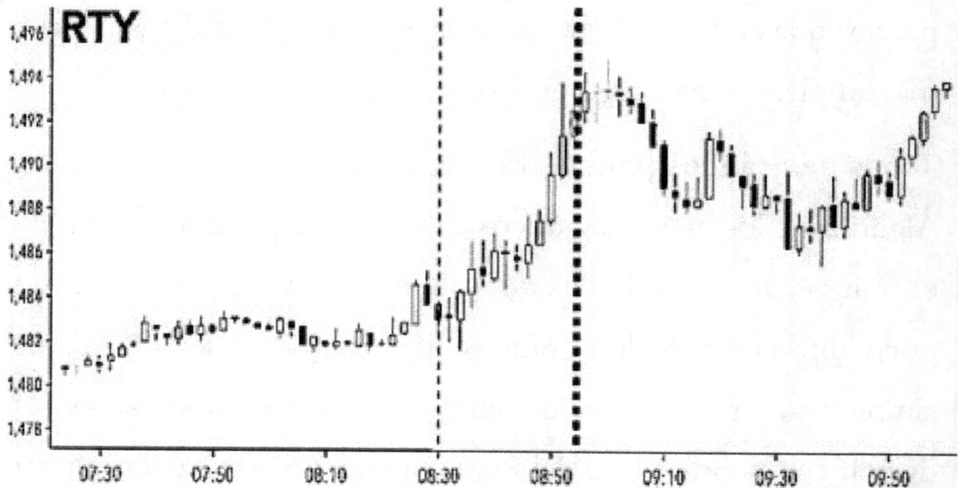

Las líneas verticales en este gráfico de 2 minutos del Russell E-mini (RTY) denotan unos 25 minutos (≈12 barras) de actividad entre las 8:30 a 8:54 a.m. A efectos de comparación, se ha hecho una demarcación temporal similar en varios de los otros gráficos presentados.

Gráficos de ticks

Un gráfico de ticks no tiene en cuenta la hora. En su lugar, el gráfico se actualiza en función del número de ticks negociados para un determinado instrumento. El ejemplo más sencillo es un gráfico de un tick que se actualiza con cada operación. Por otro lado, está el gráfico de velas de 377 ticks, es decir, aquel que se actualiza después de que se hayan producido 377 operaciones. En un mercado activo, 377 ticks pueden ocurrir en segundos, pero en un mercado lento puede parecer toda una vida. Como solo opero en los mercados más activos y líquidos, me gustan mucho los gráficos como éste —de 233, 377 o 610 ticks— porque puedo tener una mejor idea de lo rápido o lento que se está moviendo el mercado.

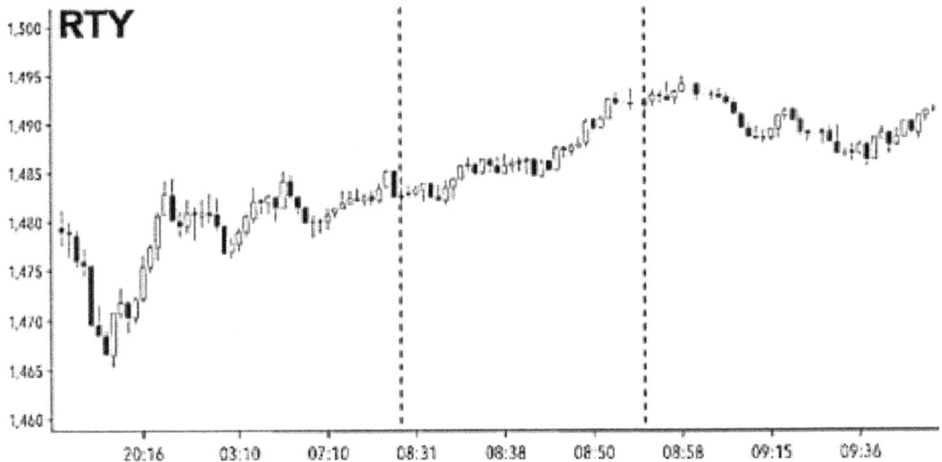

Gráficos de barras de rango de impulso

El gráfico de barras de rango de impulso, o gráfico de barras de impulso, es uno de los varios tipos de gráficos de barras de rango que presentaremos. Los gráficos de barras de rango son únicos en el sentido de que el precio de la acción (en lugar del tiempo) determina cuándo se añade la siguiente barra al gráfico. Un gráfico de barras de rango traza una nueva barra cada vez que se produce un rango específico de acción del precio (8 ticks, por ejemplo). Cada barra del gráfico sería de 8 ticks, desde el máximo hasta el mínimo (o desde el mínimo hasta el máximo).

A menos que quieras experimentar una frustración desmoralizante, no salgas a probar este enfoque hasta que hayas terminado de leer y estudiar este libro. Como he dicho antes, nada es perfecto en el trading, y varios pasos que dan los traders, como el uso de los gráficos de barras de impulso, requieren práctica y familiarizarse con el funcionamiento de estos gráficos. Las barras de rango son muy dinámicas porque sólo tienen en cuenta el rango de precios, y nosotros nos ganamos la vida operando con el precio de la acción. Por esta razón, los gráficos de barras de rango son uno de mis tipos de gráficos favoritos. Pueden ser difíciles de entender al principio, porque el eje horizontal del gráfico no se correlaciona con el tiempo y no estamos acostumbrados a ello. Los gráficos de barras de rango pueden moverse rápido, lento o en algún punto intermedio. Yo suelo elegir gráficos que se mueven a un ritmo que se adapta a mi enfoque de trading.

Observa que, en nuestro gráfico de barras de rango de impulso, si incluyes las velas, todos los portavelas tienen la misma longitud desde el máximo hasta el mínimo. Cada barra se crea cuando el precio alcanza un rango específico, por lo que la longitud uniforme de cada barra refleja ese rango. Observe también cómo cada nueva barra se abre 1 tick por encima o 1 tick por debajo de la barra anterior. En un gráfico de barras de rango normal, el precio de cada barra se abriría en (al mismo precio que) el máximo o el mínimo de la barra anterior.

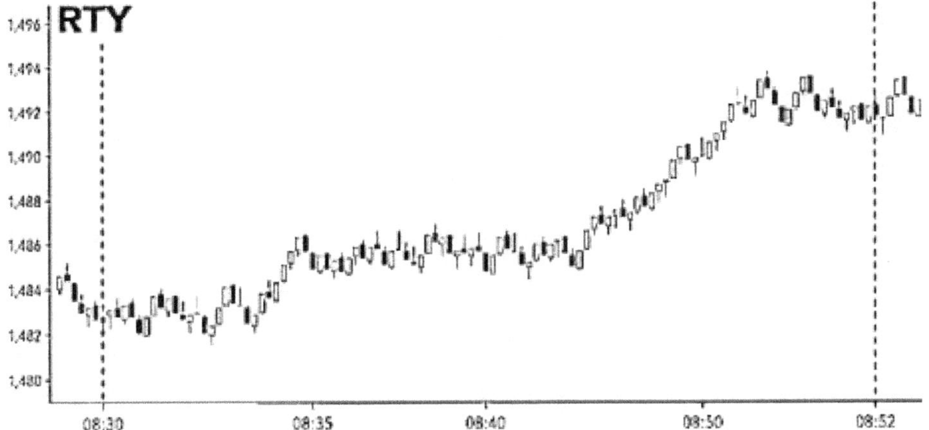

Algunas plataformas de gráficos, como *TradeStation*, te permiten elegir entre un gráfico de barras de impulso y un gráfico de barras de rango estándar. Otras plataformas solo ofrecen uno o el otro. Algunas plataformas de gráficos únicamente te permiten acceder a las barras de impulso, pero se refieren a ellas simplemente como "barras de rango". Dado que ahora conoces la diferencia entre ambas, deberías ser capaz de distinguirlas fácilmente cuando mires un gráfico. Simplemente pregúntate: "¿La nueva barra se abre en el máximo o mínimo de cierre de la barra anterior (barra de rango) o se abre un tick más allá del máximo o mínimo de la barra anterior (barra de impulso)?"

Barras Renko

La barra Renko es otro tipo de gráfico de barra de rango.

La palabra "renga" significa ladrillo en japonés y, dado que el gráfico Renko tiene orígenes japoneses, se cree comúnmente que la palabra "Renko" se deriva de la palabra "renga".

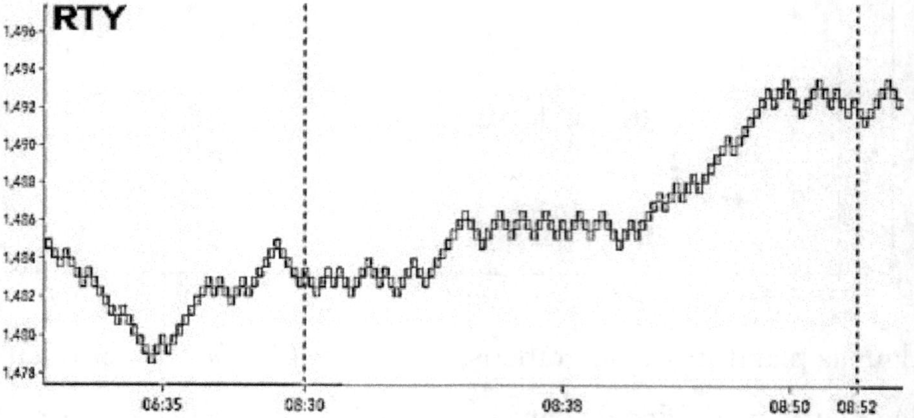

El aspecto único del gráfico es su característica definitoria, ya que cada barra se asemeja a un ladrillo. Por lo demás, se comporta como un gráfico de barras de rango estándar, en el que cada barra se abre exactamente en el máximo o el mínimo de la barra anterior.

Vemos la acción del precio en el Russell E-mini. Todas las barras Renko son del mismo tamaño, igual a 5 ticks. Cada barra debe alcanzar los 5 ticks de rango ya sea por encima o por debajo de la barra anterior para poder cerrar. Se alcanzan puntos de precio más allá de cada barra que nunca conoceremos, ya que no aparecerán en el gráfico Renko estándar. El precio debe recorrer el rango de la barra para que esta se cierre. Por ejemplo, el precio actual podría moverse 4 ticks más alto que la barra Renko cerrada anteriormente, luego moverse 2 ticks más bajo que el mínimo de la barra anterior, luego volver a subir, volver a bajar, etc. No hasta que la barra se mueva 5 ticks por encima o por debajo de la barra anterior se cerrará la barra actual, comenzando el mismo proceso de nuevo. Nunca sabríamos dónde ha viajado el precio antes del cierre de la barra. Solo sabemos que al final se movió 5 ticks hacia arriba o 5 ticks hacia abajo para finalmente cerrar esa barra. Las barras *Mean Renko* y *Custom Renko* muestran estos puntos de precio no vistos, ya que tienen velas unidas a la barra.

Protocolo operativo—1

Los indicadores y los gráficos son uno de los componentes más importantes cuando hablamos de análisis técnico. Además de la experiencia, la frialdad y la psicología, un buen analista no puede prescindir de un conocimiento profundo de los gráficos. Estos últimos pueden representar información diferente y pueden aparecer de distintas formas.

En el análisis técnico, los gráficos merecen especial atención porque representan la dinámica de los precios de un determinado instrumento financiero y en un periodo determinado.

En el análisis técnico, el tipo de gráfico más utilizado es sin duda el gráfico de velas, más conocido bajo el nombre de gráfico de velas japonesas. Sin embargo, antes de pasar a una descripción detallada del gráfico de velas, me gustaría decir unas palabras sobre otros 2 gráficos, menos utilizados que los gráficos de velas, pero que pueden ser útiles ya que pueden ayudar a entender el gráfico de velas japonés.

El gráfico de precios se muestra en un plano cartesiano donde:

- En el eje de abscisas (el eje hjorizontal) se indica el tiempo.
- En el eje de ordenadas (el eje vertical) se indica el precio.

Teniendo en cuenta esta premisa, podemos seguir diciendo que los gráficos se refieren a diferentes periodos de tiempo ya sean fracciones de minutos, horas y días, sino incluso semanas, meses o incluso años indicando diferentes tamaños de apertura o cierre, de máximos y mínimos.

En el eje de las abscisas, encontramos un espacio llamado histograma del volumen, que representa la cantidad de instrumentos intercambiados durante el periodo examinado.

En el análisis gráfico en concreto y más generalmente en el análisis técnico, se utilizan varios tipos de gráficos.

Cuña

Es una figura de continuación y es muy parecida al triángulo por 2 razones:

- Por la forma.

- Por el tiempo que tarda en formarse. Se diferencia del triángulo que veremos a continuación porque la forma que se genera se caracteriza por una inclinación fuertemente alcista o bajista opuesta a la de la tendencia actual.

Esto significa que:

- Este gráfico está formado por dos líneas de tendencia convergente y tarda entre uno y tres meses en desarrollarse.

- En una tendencia alcista se puede encontrar una cuña descendente.

- En una tendencia bajista puede desarrollarse una cuña ascendente.

Al igual que las figuras de banderín y bandera, la cuña puede encontrarse en medio de un movimiento, lo que permite calcular objetivos mínimos.

La dinámica de los volúmenes ve una disminución en el curso de la formación del patrón y debe ir reduciéndose durante todo el periodo de formación de la figura. Por el contrario, aumentan significativamente cuando se rompe la línea de tendencia, lo cual es una característica típica de la cuña.

Banderín

Esta figura también es bastante común en el análisis de gráficos.

Esta figura junto con la figura de la bandera, que veremos inmediatamente después, aparece luego de un movimiento casi vertical y representa una pausa en la tendencia.

Su característica es que se presenta como un triángulo simétrico que, sin embargo, tiene una extensión máxima de 3 semanas. Es más frecuente, en las acciones bajistas, y el tiempo de afinamiento de la figura es aún menor y es igual a 1 o máximo 2 semanas. El banderín está a medio camino del movimiento alcista o bajista, con las implicaciones obvias en el cálculo de los objetivos mínimos para la llegada del movimiento.

Por lo tanto, será obvio que el volumen disminuye durante la formación de la figura y debería ser bajo durante todo el período de formación del patrón. Por el contrario, aumentan significativamente cuando se rompe la línea de tendencia que identifica el banderín. Estos van acompañados de una tendencia similar en el rango dentro del cual se mueven los precios.

Los banderines, la mayoría de las veces coinciden con una fase de contracción, que no necesariamente tiene una inclinación opuesta con respecto a la tendencia básica. Tanto esta figura como la siguiente se desarrollan en un marco temporal bastante corto.

La tercera figura que examinaremos es el Rectángulo.

Rectángulo

El rectángulo es la más sencilla entre las figuras propuestas por el análisis técnico. Identifica una fase de congestión del precio.

En el análisis técnico, con este término nos referimos a una formación gráfica en correspondencia con la cual los precios oscilan dentro de un estrecho rango de valores. Este proceso tiene lugar cuando el mercado se mueve lateralmente.

El patrón representa una zona de ruptura de la tendencia actual en la que los precios se mueven lateralmente. Esto también da lugar al nombre de rango de trading o zona de congestión, una figura que representa un periodo de consolidación de la tendencia actual que se resuelve en la dirección de la tendencia que la precede. Esto representa una figura fundamental, para identificar correctamente el patrón de continuación si no también la observación de los volúmenes.

Además, para esta figura alcista, los rebotes deben ir acompañados de volúmenes altos, y las correcciones se caracterizan por volúmenes decrecientes. En cambio, en el caso contrario, en el rectángulo bajista, son las correcciones las que tienen volúmenes más acentuados.

Muchos inversores, se aprovechan de las oscilaciones, vendiendo al tope de la figura y comprando al mínimo. Sin embargo, los que utilizan este enfoque se arriesgan a no aprovechar la ruptura del patrón.

La figura suele tardar de 1 a 3 meses en mejorar, y el objetivo mínimo está representado por la traslación de la altura del rectángulo cuando el precio rompe la figura.

Los precios se mueven dentro de una banda fija identificada por un soporte y una resistencia.

Los rectángulos también pueden configurarse como figuras de inversión, dependiendo del contexto en el que se formen. Por tanto, es evidente cómo las fases de congestión identifican un momento en el que el mercado expresa una gran incertidumbre y espera nueva información para decidir la tendencia futura. A diferencia de las fases de contracción (en las que la continua reducción de la volatilidad identifica de forma cada vez más precisa el momento en el que el mercado recibirá la información que espera), una figura de congestión como el rectángulo no permite identificar con suficiente antelación el momento en el que se producirá la ruptura.

Las pistas operativas que puede proporcionar esta figura son básicamente de 2 tipos:

- La primera requiere esperar la salida de los precios de la zona de congestión inicialmente identificada. Esta salida debe calificarse necesariamente de ruptura y, por tanto, debe caracterizarse por un aumento de los volúmenes y de la volatilidad.

- El segundo paso operativo se deriva de la posibilidad de aprovechar el movimiento lateral de los precios para comprar cerca del soporte identificado y vender cuando los valores se acerquen de nuevo a la parte superior de la figura.

La cuarta figura, objeto de estudio, se refiere al triángulo.

Triángulo

En el análisis técnico, el triángulo es una figura de consolidación y se utiliza para verificar la continuación de la tendencia principal. Se trata de un patrón que dura unos meses cuando se produce una pausa en la tendencia actual con precios que oscilan en una zona cada vez más estrecha. La figura tiene las siguientes características:

- El triángulo debe tener un mínimo de 4 puntos de reacción, 2 superiores, y 2 inferiores; los primeros necesarios para trazar la línea de tendencia superior, los segundos necesarios para trazar la línea de tendencia inferior.

- Un límite de tiempo para su resolución caracteriza al triángulo. Normalmente, los precios rompen el triángulo en un punto situado entre 2/3 y 3/4 de la profundidad del triángulo.

- Los volúmenes en la fase de formación de las ondas del triángulo, pierden fuerza y luego explotan cuando se rompe la línea de tendencia que delimita la figura.

- El objetivo mínimo de la tendencia del precio se calcula proyectando la altura máxima del triángulo.

La figura en cuestión puede presentarse según 3 estructuras diferentes:

1. **Triángulo simétrico**: Es en el que las líneas de tendencia que lo delimitan son convergentes. Los precios tienden a moverse en un rango que se va estrechando con el paso de las sesiones debido a una reducción constante de los máximos, y también a una reducción constante de los mínimos.

2. **Triángulo descendente**: Caracterizado por una línea de demarcación plana, la inferior, y por una línea de tendencia bajista, la superior. En esta figura, habrá una mayor convicción por parte de los bajistas y suele encontrarse durante una tendencia bajista. La reducción del rango en el que

se mueven los precios, se produce solo gracias a un aumento de los mínimos, mientras que los máximos permanecen casi inalterados. Justo este comportamiento hace evidente la mayor presión de los compradores respecto a los vendedores y atribuye a esta figura un valor alcista.

3. **Triángulo ascendente:** En este tercer caso hablamos de una figura caracterizada por una línea superior de demarcación plana y una línea, la inferior, ascendente. Este patrón indica una mayor fuerza de la tendencia alcista y suele encontrarse durante una tendencia alcista.

Independientemente de la configuración, ya sea simétrica, ascendente o descendente, es posible calcular el objetivo de la figura, es decir, el nivel que deberían alcanzar los precios en la fase siguiente a la ruptura.

Esto se calcula proyectando, a partir del punto de ruptura, es decir la "base" del triángulo, la anchura máxima que la figura registró durante su formación. La quinta figura en cuestión se refiere a la formación del ensanchamiento.

Ensanchamiento

Representa una figura bastante rara, clasificada como una variante del triángulo, pero que presenta una apertura contraria, con líneas de tendencia divergentes. Es una figura que se produce al final de una tendencia, generalmente alcista.

La dinámica de los volúmenes es diferente a la de los triángulos, ya que el volumen se expande gradualmente junto con el aumento de la oscilación del precio.

La sexta figura que vamos a examinar se refiere al rendondeo y pico.

Redondeo y pico

Representa una de las muchas figuras de inversión, que se presenta como un movimiento lento y gradual en los mínimos que primero tendrá una ligera bajada, luego lateral y después muestra un movimiento creciente. Este patrón es uno de los más lentos de todo el análisis gráfico y suele ser identificable en los gráficos de largo plazo.

Es realmente difícil establecer el momento preciso en el que la figura puede considerarse completa, si no es después de las primeras subidas sustanciales. Más difícil será identificar los objetivos alcistas.

El pico es también muy especial. Las figuras en cuestión muestran, sin ningún periodo de transición, una inversión repentina de las cotizaciones. Una inversión acompañada de una explosión de volúmenes.

Por sus características, la figura en cuestión es difícil de identificar de antemano.

Protocolo operativo— 2

Las estrategias de trading intradía son importantes si se quiere
sacar provecho de las pequeñas y periódicas fluctuaciones de los
precios. Un enfoque fiable y eficaz depende de la profunda
investigación tecnológica, los mapas, las métricas y las tendencias
para prever las posibles fluctuaciones del mercado. Esta sección
te proporcionará un recuento detallado de las estrategias de
trading para principiantes, pasando por las intermedias, las
automáticas e incluso las específicas para cada activo. También
te explicará algunas de las variaciones geográficas que debes tener
en cuenta, así como te guiará en la dirección de algunas
herramientas valiosas. Al final, sin embargo, necesitarás
considerar un enfoque de trading que se adapte a tu estilo y
especificaciones únicas.

Asegúrate siempre de que tu elección de corredor se ajusta a un
enfoque de trading intradía:

- Velocidad excepcional de ejecución de las operaciones.

- Datos del precio de la acción (más allá del nivel 2 si es
  posible).

- Disposición a vender directamente desde los gráficos.

- Automatización de las operaciones.

- Órdenes de Stop Loss y Take Profit.

Estrategias de trading intradía

1. Ruptura

Las técnicas de ruptura se centran en el momento en que el precio alcanza la cantidad especificada en el gráfico, con un volumen reducido. El trader de *breakout* alcanza un papel largo después de que la mercancía o la defensa atraviesa la resistencia. Alternativamente, alcanzas un papel corto tan pronto como la acción cae por debajo de la cobertura.

Cuando la venta de un activo o materia prima se mueve por encima del límite de precio definido, la incertidumbre suele aumentar, y las acciones se desplazan con frecuencia en la dirección de una ruptura debes encontrar el instrumento de trading adecuado para hacer la operación. Al hacerlo, ten en cuenta el nivel de soporte y resistencia del activo. Cuanto más frecuentemente cruce el precio estos umbrales, más justificados y significativos serán.

Puntos de entrada

Esta parte es realmente buena y directa. Los precios fijados al cierre y por encima de los umbrales de resistencia necesitan un rol a la baja. Los precios fijados al cierre y por debajo del punto de soporte deben ser..

Planifique sus salidas

Utilizar el éxito reciente de la materia prima para establecer un objetivo de precio justo. El uso de patrones gráficos hace que este método sea mucho más preciso. Puede medir la media de las variaciones recientes del precio para establecer un objetivo. Si la media de las oscilaciones del mercado ha sido de 3 puntos en las últimas 5 oscilaciones de precios, ese sería un objetivo realista. Cuando hayas logrado ese objetivo, dejar la operación y así obtendrás una ganancia.

2. Scalping

El *scalping* (escalada) es una de las técnicas más comunes. Es especialmente común en el mercado de divisas, y busca capitalizar los cambios de precios en minutos. La clave aquí está en la cantidad. Vas a buscar vender siempre que el intercambio sea competitivo. Es una forma rápida y emocionante de negociar, pero puede ser peligrosa.

3. Momentum

Este enfoque, popular entre las estrategias de negociación de los principiantes, se centra en actuar sobre las noticias y reconocer los acontecimientos importantes con ayuda de un gran volumen. Hay al menos una acción que se desplaza entre el 20 o 30% al día, y hay mucho potencial. Solo hay que aferrarse a su puesto hasta que se vean signos de giro y entonces salir de él.

Si no, la caída del precio se desvanecerá. El objetivo de la demanda se sitúa en el momento en que el monto comienza a disminuir.

Esta técnica es rápida y eficaz cuando se utiliza correctamente. No obstante, debes asegurarte de estar al tanto de las noticias y los informes de resultados futuros. Unos pocos segundos en cada intercambio marcarán la diferencia en las ganancias al final del día.

4. Reversión

Aunque es muy discutido y muy perjudicial cuando lo utilizan los principiantes, el trading inverso se utiliza en todo el planeta. También se conoce como inversión de patrones, tendencia de retroceso y estrategia de inversión de la media.

Este enfoque pone a prueba la lógica simple cuando se busca competir contra el patrón. Hay que ser capaz de definir las posibles trampas de forma fiable, además de pronosticar su potencia. Para hacerlo con éxito, se requiere un profundo conocimiento del negocio y experiencia.

Se sabe que la técnica del "cambio diario" es un caso especial de trading de reversión, porque se basa en la compra y venta de pullbacks (reversos) bajos y altos diariamente.

5. Uso de los puntos de giro

La técnica de los puntos de giro en el trading intradía puede ser brillante para detectar y operar sobre un nivel crucial de soporte y/o resistencia. Esto es especialmente útil en el sector de las divisas. Además, los traders de rangos pueden utilizarlos para definir los puntos de entrada, mientras que los traders de patrones y rupturas pueden utilizar los puntos de giro para detectar los umbrales clave que deben alcanzarse para que un movimiento cuente como una ruptura.

Cálculo de los puntos de giro

Para determinar el punto giro se utilizan los precios máximos y mínimos del día anterior, más el precio de cierre del valor.

Ten en cuenta que, si determinas un punto central utilizando la información de los precios en un marco temporal bastante limitado, la precisión siempre disminuye.

A continuación, se explica cómo calcular un punto de giro...

Punto de giro central (P) = (Alto + Bajo + Cierre)/3

Puedes medir el índice de soporte y resistencia utilizando el punto de giro. Para ello, deberás utilizar las siguientes formulas:

- Primera resistencia (R1) = (2*P) - Baja
- Primer soporte (S1) = (2*P) - Alto

Limita tus pérdidas

Esto es especialmente importante si utilizas el margen, que normalmente son elevados para los traders intradía. Cuando vendes de forma moderada, te vuelves muy vulnerable a las oscilaciones repentinas de los precios. Claro, esto significa la oportunidad de obtener mayores ganancias, pero también implica el riesgo de pérdidas significativas. Por suerte, puedes hacer *stop-loss*

(control de pérdidas).

Los *stop-loss* controlan el riesgo. En una posición corta, puedes poner un *stop-loss* por encima de un máximo reciente; puedes colocarlo por debajo de un mínimo reciente para las posiciones largas. También puedes hacerlo en función de la incertidumbre. Por ejemplo, el precio de la acción cae 0,05$ por minuto, y pones un *stoploss* a 0,15$ de su orden de entrada.

Uno de los métodos comunes es establecer 2 *stop-loss*. En primer lugar, colocas una orden física de *stop-loss* en un punto de precio determinado. Ese será el único dinero que puede permitirse perder. Segundo, generas un *stoploss* emocional; colócalo en el punto en el que se han roto los requisitos de presentación. Así, si la operación va a hacer un cambio imprevisto, harás un escape rápido.

Estrategias de trading en mercado de divisas

Los planes de mercado de divisas son peligrosos por naturaleza, porque se pretende maximizar las ganancias en un breve periodo de tiempo.

Estrategias de comercio de criptodivisas

El emocionante y volátil mercado de criptodivisas ofrece muchas opciones para que los traders intradía se decanten por ellas. Basta con utilizar tácticas sencillas para sacar el máximo provecho de este mercado competitivo.

Estrategias de trading de acciones

Las estrategias de trading intradía para las acciones se basan en muchas de las mismas ideas, y se pueden utilizar todas las técnicas mencionadas anteriormente.

Estrategias de apuestas a margen

Las apuestas a margen te ayudan a apostar por una amplia gama de valores financieros sin tener que comprar necesariamente el activo. Además, las técnicas son bastante básicas.

Estrategias de CFD (Contrato por diferencias)

Diseñar un enfoque de trading intradía con éxito puede ser difícil. Sin embargo, apueste por un instrumento como los CFD y la tarea podría ser un poco más sencilla.

Los CFD se ocupan de la disparidad entre la entrada y la salida del intercambio. En los últimos años se ha producido un aumento del éxito. De este modo, obtendrá un beneficio a medida que el activo subyacente cambie, además de la posición mantenida, sin tener que comprar realmente el activo subyacente.

Diferencias regionales

Los mercados globales vienen con diferentes desafíos y obstáculos a conquistar. Las técnicas de trading intradía para el mercado indio no pueden tener el mismo éxito cuando se aplican en Australia. Por ejemplo, algunos países pueden desconfiar de la prensa, y la economía no responde de la misma manera que se espera en casa.

Las regulaciones son otros elementos que hay que sopesar. Los planteamientos indios pueden adaptarse a normas concretas, como las grandes reservas mínimas de capital en las cuentas de margen. Sí, ve a internet y descubre si las leyes ambiguas no tendrán efecto en tu plan antes de que pongas sobre la mesa el dinero que tanto te ha costado ganar.

También puedes observar que las distintas naciones tienen diferentes lagunas fiscales que hay que saltar. Si tienes tu sede en Occidente, pero quieres aplicar tus tácticas habituales de trading intradía en Filipinas, tienes que hacer primero los deberes. ¿Qué tipo de impuestos tienes que pagar? ¿Vas a tener que gastar en el extranjero y/o localmente? Las pequeñas disimilitudes fiscales pueden tener un gran efecto en las ganancias diarias.

Gestión del riesgo

Stop-loss

Si no manejas el riesgo, pierdes más de lo que puedes pagar y sales del juego antes de darte cuenta. Por eso puedes utilizar un *stop-loss*.

Puede parecer que el precio se mueve en la dirección que querías, pero puede invertirse en cualquier momento. El *stop-loss* regula el azar; vas a salir de la bolsa y luego vas a asumir una pérdida marginal si la mercancía o la defensa no entran.

Los traders conocedores no suelen apostar más del 1% de su saldo de cuentas en una sola operación. Y si tiene 27.500$ en su cartera, podría perder hasta 275$ por operación.

Tamaño de la posición

Esto también te ayudará a seleccionar el tamaño correcto del rol. El valor de la posición es el número de acciones adquiridas en un solo intercambio. Toma la diferencia entre la cuota de entrada y el precio de *stop-loss*. Por ejemplo, si tu punto de entrada es de 12$ y su *stop-loss* es de 11,80$, entonces tu coste es de 0,20$ por acción. Ahora, para saber cuántas operaciones puedes hacer en una sola operación, divide 275$ por 0,20$. Puedes tomar hasta 1.375 acciones en una posición. Es el lugar más alto que debes tomar para adherirte al límite de peligro del 1%.

A menudo, verifica si hay espacio suficiente en la acción/activo para acomodar la escala de la posición que estás utilizando. Además, ten en cuenta que si tomas una posición demasiado grande para el mercado, puedes experimentar un deslizamiento en tu entrada y *stop-loss*.

Práctica:

Basándote en la práctica anterior, anota el punto de entrada y salida en el mercado/acción seleccionado, el instrumento seleccionado, siguiendo la estrategia seleccionada. Comienza a seguir el registro de tus operaciones, antes de invertir dinero real, será útil, al principio.

Scalping

Los traders pueden dividirse en 3 tipos: swing traders, traders intradía y scalpers. Los 3 métodos pueden mezclarse entre sí, que es mi modo de operar preferido.

El *scalping* se refiere a las operaciones a muy corto plazo. Los swing traders retienen las acciones hasta el día siguiente, y los traders intradía generalmente intentan sacar el máximo partido posible de las acciones en un día de trading. Tanto los swings traders como los traders intradía suelen basar sus sistemas en el análisis técnico con un toque de análisis fundamental.

Los traders que usan *scalping* se basan al 100% en el análisis técnico. Su objetivo es el muy corto plazo. Los cambios de unos pocos centavos durante varios segundos hasta algunos minutos son suficientes. Esto significa que para ganarse la vida en el mercado, estos traders necesitan operar con cantidades relativamente mayores que los swing traders o los traders intradía. Los scalpers con poco respaldo (que es, por desgracia, el caso de la mayoría de ellos) compensan lo que les falta en el bolsillo operando con productos financieros que pueden apalancarse más que el apalancamiento típico del mundo del comercio de acciones. Entre ellos se encuentran los futuros, apalancados veinte veces más, las opciones y, por supuesto, el mercado de divisas que puede llegar a apalancarse hasta 500 veces más, expresado como margen de 500:1.

Lo absurdo es que operar con estos productos fuertemente apalancados es más difícil e increíblemente más arriesgado que operar con acciones. No obstante, el sueño de "hacerse rico rápidamente" atrae a personas sin fondos y sin experiencia a las áreas más difíciles del comercio, donde a menudo comenzarán, y casi invariablemente terminarán, sus carreras de trading.

Técnicas de scalping

La primera condición: hay que mantener el dedo en el ratón y los ojos pegados a la pantalla. Debes prestar toda tu atención a las acciones. Debes comprar y vender con órdenes LIMITADAS precisas. No debes perseguir las acciones, porque con el *scalping*, las ganancias o las pérdidas se miden en unos pocos centavos.

En muchos casos, coloco una orden de salida por adelantado. Por ejemplo: si compro 3.000 acciones a 20$ y preveo una subida de 30 céntimos, pondré una orden límite de venta en mi plataforma de trading de:

- 1.000 acciones a 20,15$

- 1.000 acciones a 20,25$

- Y esperaré con el dedo en el ratón a la primera señal de debilidad para vender las 1.000 acciones restantes.

Los Scalps de SMART MONEY están pensados para el corto plazo, por lo que no se ejecutan en pequeñas cantidades. Operar con pequeñas cantidades de acciones provoca el "síndrome del dinero pequeño" y conduce al fracaso.

El *scalping* no se ejecuta en pequeñas cantidades de acciones. Los nuevos traders que realizan *scalping* en pequeñas cantidades, como 300 acciones, se encuentran atrapados en la trampa de los beneficios insignificantes, o como se conoce el fenómeno, el "síndrome del dinero pequeño". La venta de 100 acciones por un beneficio de 15 céntimos les parece un rendimiento demasiado pequeño, así que intentan alargar la operación por unos pocos céntimos más, y normalmente descubren que han esperado demasiado antes de vender. La acción vuelve a bajar 10 céntimos, por lo que no compensa vender porque el beneficio es aún menor ahora, y se espera un poco más. Entonces la acción vuelve a su punto de entrada, o incluso por debajo de él, y la reventa termina en una pérdida.

Por el contrario, con grandes cantidades de acciones, se obtiene un beneficio decente con cada operación parcial bloqueada, sin necesidad de enfrentarse al síndrome del dinero pequeño.

El scalping de un céntimo

El *scalping* de un céntimo es un método de negociación orientado a obtener beneficios de uno o pocos céntimos, a partir de ligeras fluctuaciones intradía en acciones con "precios bloqueados". Las acciones con precios bloqueados son acciones en las que operan cientos, si no miles, de traders que ejecutan ofertas y demandas a un céntimo por encima o por debajo del precio negociado de la acción. No se trata de un método de negociación clásico basado en las notables fluctuaciones intradía resultantes de rupturas, quiebras o cambios de dirección. En contraste con todo lo que hemos aprendido hasta ahora, el *scalping* por un céntimo se basa principalmente en la falta de volatilidad. Quiero recalcar que no es mi área de especialización, ni siquiera un método.

El scalping por un céntimo y la barrera de las comisiones

La primera condición para participar en este método es tener una gran cuenta de trading. Si quieres beneficiarte del movimiento de un céntimo y aun así superar la barrera de la comisión, necesitas operar con no menos de 10.000 acciones. Un beneficio de un céntimo en 10.000 acciones vale 100$, de los que aún hay que deducir la comisión. Las comisiones con este método son la clave del éxito o del fracaso.

Veamos un ejemplo: supongamos que ha obtenido un beneficio de un céntimo sobre 10.000 acciones, lo que produce 100$. Supongamos que pagas una comisión de un céntimo por acción, y que compraste 10.000 acciones. Eso suma un beneficio de 100$, anulado por la comisión, y cuando vendes, eso cuesta otros 100$. En total, una pérdida de 100$. Incluso si has pagado una comisión de 1/10 de céntimo, lo que suma 20$ para las ejecuciones de compra y venta, todavía has dejado el 20% de tu beneficio en manos del corredor.

Esto puede parecerle razonable, pero también debe tener en cuenta el triste hecho de que cuando pierda (al menos el 30% de sus ejecuciones acabarán siendo pérdidas), la pérdida más la comisión sumarán 120$. La media ponderada le perjudica sin lugar a dudas.

La solución: a diferencia del método de cobrar un céntimo por acción, que solo valdrá la pena si operas en cantidades de hasta 2.000 acciones por clic, cuando operas en grandes cantidades fijas, tienes que pedir a tu corredor que defina un sistema de comisiones diferente basado en el Plan de Comisiones por Operación y no en el Plan de Comisiones por Acción. Si negocia en grandes cantidades, es probable que pueda cerrar con un precio de 3 a 6$ por clic del botón, sin límite de cantidad.

En realidad, los traders a gran escala suelen recibir comisiones en lugar de pagarlas. ¿Cómo? Cuando establece sus órdenes de compra y venta y espera su ejecución, ¡está añadiendo liquidez al mercado! Cuando lo hace, como ya hemos aprendido, recibe una comisión de 2$ por cada 1000 acciones de la ECN (Electronic Communication Network). Con un simple cálculo, puedes entender que la cantidad relativamente pequeña de 10.000 acciones te reportará un rendimiento ECN de 0,2 céntimos por acción, lo que supone 20$, mientras que tú sólo has pagado 6$. ¿Qué pasaría con una cantidad de 100.000 acciones? El rendimiento ECN vale 200$, mientras que la comisión que pagas sigue siendo de 6$. ¿Ves a dónde va esto? Conozco a traders que se ganan la vida comprando y vendiendo una acción exactamente al mismo precio, para obtener beneficios de cientos de dólares sólo por la rentabilidad ECN. Si tienen suerte, también consiguen ganar otro céntimo por acción. ¿Suena fácil?

No, ¡no es nada fácil!

One Cent Scalping: El método "primero encuentre una acción de bajo precio"

Lo ideal es que esté en el rango de 5 a 10$, con baja volatilidad y un volumen de decenas de millones de acciones al día.

Los candidatos cambian durante los diferentes períodos de actividad del mercado, la volatilidad y el precio. Recuerda que la volatilidad es el peor enemigo de este método. ¡Solo imagina cuánto podrías perder si la acción se moviera 10 centavos en tu contra! Esta es también la razón por la que DEBES operar de acuerdo con las siguientes reglas:

1. La acción se debe estar moviendo lateralmente sin tendencia, o en términos industriales, la acción debe tener un precio bloqueado.

2. La acción debe mostrar una volatilidad nula y un movimiento de hasta 5 a 10 centavos por día.

3. El mercado se mueve lateralmente sin tendencia (generalmente ocurre durante las horas de almuerzo).

4. La acción tiene un precio de hasta 10$. Puedes comprar acciones baratas en grandes cantidades aunque no te llames Warren Buffet.

5. La acción muestra un gran volumen de negociación de decenas de millones al día.

La forma más sencilla de elegir una acción es sacarla de la lista que siempre contiene los "10 primeros" valores de gran volumen negociados en el NASDAQ o la NYSE. Fíjate que no me refiero a los valores que han entrado en la lista por casualidad, sino a los que están en ese listado constantemente. Algunos días, podrías elegir Bank of America (BAC) o Intel (INTC), Microsoft (MSFT) u otros. Citigroup (C) solía ser el favorito de los revendedores mientras su precio rondaba la marca de los 4$ en volúmenes de cientos de millones de acciones al día, antes de que se ejecutara el split inverso, como ya he descrito.

Cuando se muestran estos valores en la pantalla, se ven volúmenes intradía de decenas, si no de cientos de millones de acciones, y un enorme número de ofertantes y demandantes. Muchos de ellos están jugando al juego de un céntimo.

¿Quién cambia las acciones si nadie quiere que se muevan más de un céntimo? Por supuesto, no serían los revendedores que trabajan al nivel de un céntimo, porque básicamente están bloqueando el precio e impidiendo el movimiento. El verdadero cambio proviene del público y de los fondos que pujan y piden pensando en la inversión a largo plazo, ya que no les interesa si la acción ha subido o bajado un céntimo.

Supongamos que has elegido tu acción y que es el momento de operar. La operación en sí es bastante sencilla, pero requiere una buena dosis de experiencia. En primer lugar, aunque el precio se mueva lateralmente, examina la tendencia general del mercado y la tendencia de la acción. Si la tendencia es alcista, querrás ejecutar una compra en lugar de una venta, y viceversa. Ahora tienes que introducir tu orden de compra limitada en la oferta, y esperar pacientemente hasta que los vendedores alcancen tu oferta. En el momento en que hayas comprado la cantidad deseada, introduce una orden limitada de venta en el lado de la COMPRA, con un objetivo de beneficio de 1 a 3 céntimos, y espera a que los compradores alcancen tu oferta en la dirección inversa.

Ten en cuenta que no es necesario utilizar la orden de venta corta, ya que para la mayoría de las plataformas de negociación, la VENTA normal funcionará exactamente como una orden corta. Ahora que has vendido la cantidad que compraste obteniendo un beneficio, y has añadido a esa venta una cantidad doble, estás en corto y, por lo tanto, necesitas posicionar una cantidad doble en el lado de la OFERTA con un objetivo de beneficio de 1 a 3 céntimos, repitiendo el ciclo. Una vez que el mercado se vuelve más volátil, y partiendo de la premisa de que estás en el lado correcto de la dirección del mercado, necesitas cancelar la orden de salida y tratar de beneficiarte de unos pocos centavos más allá del objetivo de beneficio original.

Aquí hay algunos sitios web útiles para monitorear acciones y mercados:

Trading View Screener, Finviz, Trade Ideas, Motley Fool.

Selección de una plataforma de trading

A la hora de elegir entre las plataformas de negociación, tanto los inversores como los traders deben tener en cuenta tanto los costos como los atributos disponibles. Los traders intradía y otros traders a corto plazo pueden necesitar atributos como las cotizaciones de grado 2 y los gráficos de profundidad del fabricante del mercado para ayudar en la toma de decisiones, mientras que los traders de opciones pueden necesitar herramientas especialmente diseñadas para visualizar los planes de opciones.

Las tarifas son otra consideración importante a la hora de elegir plataformas de negociación. Por ejemplo, los traders que utilizan el *scalping* para un enfoque de trading pueden gravitar hacia plataformas que utilizan precios reducidos. En general, los precios más bajos son casi siempre preferibles, pero puede haber compensaciones a tener en cuenta, pero los precios bajos pueden no ser valiosos si se traduce en menos atributos y estudio informativo. Algunas plataformas de trading pueden revertirse a un intermediario particular o incluso a un agente, aunque otras plataformas de trading sólo son accesibles cuando se trabaja con un corredor o agente específico. Debido a esto, los inversores también deben considerar la posición del intermediario o agente antes de comprometerse con una determinada plataforma de negociación para ejecutar operaciones y manejar su cuenta.

Por último, las plataformas de trading pueden tener requisitos particulares para ser elegidas debido a su uso. Por ejemplo, las plataformas de trading intradía pueden requerir que los traders tengan 25.000$ de capital dentro de su cuenta y que estén cualificados para trading con margen, mientras que las plataformas alternativas pueden requerir la aprobación para intercambiar una variedad de tipos de opciones antes de tener la capacidad de utilizar la plataforma de trading.

Hay cientos—o incluso miles—de plataformas de negociación diferentes, incluyendo estas cuatro opciones populares:

- **Interactive Brokers:** *Interactive Brokers* es la plataforma de trading más popular entre los profesionales que utilizan tarifas reducidas y accesibilidad a los mercados de todo el mundo.

- **Trade Station:** *Trade Station* es la plataforma de trading favorita de los traders algorítmicos que prefieren realizar estrategias de trading utilizando scripts automatizados desarrollados con Easy Language.

- **Robinhood:** *Robinhood* es una plataforma de trading sin comisiones dirigida a los millennials. Empezó como un programa portátil y hoy tiene también una interfaz web. La plataforma gana dinero de muchas fuentes, desde los intereses del dinero en tu cuenta hasta la promoción del flujo de órdenes a las grandes empresas de corretaje.

- La plataforma más popular para todos los participantes del mercado de divisas es Metaorder que es una plataforma de comercio que interactúa con varios corredores distintos. Su lenguaje de secuencias de comandos MQL es ahora la herramienta favorita para aquellos que buscan automatizar el comercio de dinero.

Las mejores estrategias y técnicas

Estrategias de trading para principiantes

Antes de que te veas envuelto en un universo imprevisible de indicadores excepcionalmente técnicos, céntrate en las tuercas y tornillos de una estrategia básica de trading intradía. Muchos piensan erróneamente que se necesita una estrategia excepcionalmente confusa para tener éxito, sin embargo, con frecuencia cuanto más clara, es más poderosa.

Lo básico

Consolida los componentes inestimables que hay debajo de tu estrategia.

- **Gestión monetaria:** Antes de empezar, apóyate. Recuerda que los mejores traders no pondrán más del 2% de su capital en riesgo por intercambio. Es necesario que te prepares para ciertas desgracias antes de que los éxitos comiencen a llegar.

- **Gestión del tiempo:** No esperes hacer una fortuna en el caso de que solo asignes 1 o 2 horas cada día al trading. Tienes que examinar los mercados y estar atento a las aperturas de bolsa continuamente.

- **Educación:** Entender las complejidades del mercado no es suficiente, además necesitas mantenerte actualizado. Asegúrate de estar al tanto de las noticias del mercado y de cualquier acontecimiento que pueda afectar tu ventaja, por ejemplo, un movimiento en un acuerdo financiero.

- **Consistencia:** Tienes que dejar que el cálculo, el razonamiento y tu estrategia te dirijan, no los nervios, el miedo o la insaciabilidad.

- **Tiempo:** El mercado será inestable cuando abra cada día, y teniendo en cuenta que los traders intradía consumados podrían tener la opción de examinar los ejemplos y beneficiarse, deberías esperar tu oportunidad. Por lo tanto, mantente al margen durante los primeros 15 minutos, ya que a pesar de todo has avanzado horas más allá.

- **Cuenta de demostración:** Es un requisito incuestionable para cualquier principiante, pero, además, el mejor lugar para respaldar la prueba o explorar diferentes vías con respecto a las nuevas o refinadas estrategias de los traders de vanguardia. Muchas cuentas de demostración son ilimitadas, por lo que no tienen límite de tiempo.

La técnica "segmentos que toda estrategia necesita"

Independientemente de si busca estrategias de trading intradía robotizadas o estrategias a pie y a propulsión, tendrá que tener en cuenta 3 aspectos básicos: la volatilidad, la liquidez y el volumen. En caso de que vayas a ganar dinero en desarrollos de poco valor, elegir las acciones correctas es crucial. Estos 3 componentes te ayudarán a decidirte por esa elección.

- **Liquidez**: Esto te hace entrar y salir rápidamente de las bolsas a un coste atractivo y estable. Las estrategias de los productos líquidos, por ejemplo, se concentrarán en el oro, el petróleo crudo y el gas inflamable.

- **Volatilidad**: Esto te revela tu capacidad latente de beneficio de ejecución. El mercado de divisas digitales es uno de esos modelos que destaca por su alta volatilidad.

- **Volumen**: Para los traders intradía, esto se llama "volumen promedio de trading intradía". El alto volumen te permite saber que hay un entusiasmo crítico por la ventaja o el valor. La expansión en el volumen es, en tanto que ocurra frecuentemente, un indicador de un salto de valor ya sea hacia arriba o hacia abajo, que se acerca rápidamente.

El punto de ruptura. Tus pérdidas

En el momento en que se intercambia en el borde, eres progresivamente impotente contra los desarrollos de valor agudo. De hecho, esto implica el potencial de ganancias más notable, pero también implica la posibilidad de grandes pérdidas. En el caso de las posiciones largas, puedes colocarlas por debajo de un mínimo continuo. También puedes hacerla depender de la volatilidad. Una estrategia habitual es establecer 2 *stop-loss*. En primer lugar, se coloca una solicitud de *stop-loss* física en un nivel de valor determinado. Además, haces un *stop-loss* psicológico.

Trading intradía vs. Swing Trading

La mayoría de las empresas de los mercados financieros están familiarizadas con los diferentes horarios que pueden tener los traders en el día a día, por lo que todas las acciones del mercado se clasifican según sus traders. Los traders se agrupan en 2 categorías:

- Swing traders
- Traders intradía

Los Swing Traders son aquellos que compran acciones que no son rápidamente perecederas y por lo tanto permanecen en el mercado más tiempo.

Los traders intradía buscan en el mercado algo que se mueva rápidamente y tenga un alto índice de volatilidad.

Esta distinción hace que los diferentes tipos de trading sean aplicables a aquellos que están en el mercado. La forma de identificar qué valores son adecuados para el trading intradía o el swing trading depende de la información obtenida de las diferentes plataformas.

Las diferentes plataformas web son perfectas para esta difusión de información, ya que se actualizan regularmente y obtienen información directa de las empresas y los grandes inversores.

También existe una gran diferencia financiera entre el trading intradía y el swing trading, y todos estos nichos son analizados.

Trading intradía vs. swing trading

Justo cuando pensabas que estabas dominando el trading intradía, descubres que existe otro tipo de trading. El swing trading es otra forma de trading que realizan las personas que no tienen tanto tiempo como los traders intradía.

Similitudes

Aunque hay más contrastes, también hay algunas similitudes entre estas 2 modalidades:

- El trading intradía y el swing trading son fáciles de seguir y graficar de forma regular. Su actividad en el mercado es manejable, y las estadísticas están bien documentadas regularmente.

- Siempre existe la posibilidad de obtener grandes beneficios en función de los valores más importantes del mercado. Cuando el gráfico de los valores más importantes han estado en constante ascenso, tanto los traders intradía como los swings traders están obligados a cosechar grandes beneficios.

- No hay límite en el número de valores. Sin embargo, tendrás que atenerte a la regla del máximo de dólares de *stop-loss*. Ambos tipos de trading permiten la compra de

las acciones que son viables, y esto es esencial ya que
utilizan diferentes marcos de tiempo para el
seguimiento.

- Los dos tipos de trading pueden realizarse en las
mismas plataformas, y las transacciones siguen siendo
las mismas.

- Tanto en el trading intradía como en el swing trading
existe la posibilidad de hacer un seguimiento en tiempo
real del comportamiento de las acciones a voluntad.
Existen los límites y los temporizadores que puede
establecer el trader para que se activen en el momento
del análisis.

Diferencias

Como se ha dicho, todos los traders se agrupan en 2 categorías:
swing traders y traders intradía.

- El trading intradía es para personas impulsivas y con un
alto nivel de disciplina. Los swing traders tienden a ser
más cautelosos y tardan mucho en tomar decisiones, de
ahí la cantidad de tiempo que emplean.

- El trading intradía se basa principalmente en la
obtención de beneficios, a diferencia del swing trading,

que se realiza para identificar las oscilaciones de las acciones y los acontecimientos en el mercado de divisas durante un periodo de tiempo.

- Cuando se trata de riesgos, el trading intradía es el que más conlleva. Por lo tanto, estos traders tienen que invertir mucho tiempo en los mercados debido a la longevidad de sus acciones. El swing trading solo conlleva el riesgo de mantener la cantidad en el mercado durante mucho tiempo.

- El trading intradía puede retroceder con un corte de luz, mientras que el swing trading continuará incluso después de que vuelva la luz. Por lo tanto, uno debe tener constantemente un acceso a internet de reserva o una forma alternativa de comunicación en sus acciones.

- El trading intradía es a tiempo completo, mientras que el swing trading no tiene por qué serlo.

- El trading intradía rara vez trabaja con valores de alto valor y se centra más en empresas pequeñas y minoristas, mientras que el swing trading se centra principalmente en valores pertenecientes a empresas corporativas.

- Un swing trader es capaz de concentrarse en su tiempo libre personal y probablemente fortalecer sus habilidades de trading a diferencia de un trading intradía. El trader intradía siempre se apresura a obtener el máximo beneficio del máximo número de acciones que ha comprado para perfeccionar sus habilidades.

- Los swings traders salen perdiendo en caso de caída del mercado, mientras que los traders intradía terminan con todo al final del día. Esto requiere mucha fe en que sus acciones se pagarán y no se agotarán.

Estrategias utilizadas en el Swing Trading

El swing trading viene con diferentes oportunidades y también con frecuentes sustos. Estas operaciones se realizan en mercados inestables, y muchas veces el mercado puede derrumbarse con todos esos dólares invertidos en él. Su ventaja es que utiliza marcos de tiempo más largos para hacer el seguimiento, por lo tanto, uno puede manejar un trabajo de tiempo completo, a diferencia de los marcos de tiempo más cortos en el trading intradía. De modo que, para evitar cualquier escollo, te aconsejo probarlo primero en una cuenta de demostración mientras aprendes el funcionamiento.

En el swing trading no hay necesidad de seguir preocupándose por las operaciones realizadas. El marco de tiempo largo te permite dedicarte fácilmente a otras cosas mientras esperas a realizar tu operación. Este tipo de operación es muy conveniente, ya que da espacio para la flexibilidad. ¿Te gustaría un tipo de operación que te diera libertad? ¿Sientes que no necesitas seguir preocupándote por los movimientos que haces, ya que te sientes seguro en tus operaciones? ¿Te gustaría participar en una operación que te diera libertad? ¿Quieres estar en un punto en el que puedas llevar a cabo tus otras actividades mientras sigues haciendo trading? Para estos casos, el swing trading actuará como un trabajo secundario que te proporciona un ingreso. Puedes hacer otras cosas mientras realizas swing trading. Es como matar 2 pájaros de un tiro.

El swing trading también se experimenta mejor una vez que se ha dominado el arte de la gestión monetaria para poder proyectar los beneficios de forma inteligente. Este tiempo avanzado en el mercado te ayudará a identificar los patrones en las acciones, y esto mejorará tu capacidad de toma de decisiones. En cualquier negocio de inversión, la gestión del dinero importa mucho. Hay negocios que empiezan muy bien y acaban fracasando. Te sorprenderá saber que no fracasan por falta de una buena estrategia. En cambio, fracasan debido a una mala gestión monetaria. Cualquier empresa que aspire a obtener más beneficios, a medida que avanzan los años, tiene que examinar con detenimiento cómo gestiona sus finanzas. He conocido casos en los que las empresas empezaron bien para acabar fracasando antes de dar un paso más. El blanqueo de dinero ha afectado a muchos negocios hasta el punto de cerrarlos. Una vez que sepas cómo dedicarte al swing trading, asegúrate de gestionar tus finanzas. Esto garantizará que tomes mejores decisiones mientras realizas diversas operaciones. Con una buena estrategia de gestión monetaria, es más fácil progresar en el swing trading. Descubrirás que duplicarás fácilmente tus beneficios con esta estrategia.

Debido a los marcos de tiempo más largos hay que tener un modo de comunicación fiable, ya que, si uno está obligado a olvidarse de hacer movimientos en el mercado, esto podría conducirnos a enormes pérdidas. El tiempo es importante en todos los negocios en los que uno se involucra. Lo interesante de la mayoría de las charlas de motivación es que insisten en la gestión adecuada del tiempo. Seguro que te has encontrado con algunas personas que prefieren que pierdas su dinero, pero no su tiempo. La importancia del tiempo radica en el impacto que tiene en un individuo. El factor tiempo también es necesario cuando se realizan diversas operaciones. Asegúrate de estar atento a las decisiones que tomas.

Por ejemplo, con las largas duraciones en las que se llevan a cabo las operaciones, es posible que te olvides del tiempo que necesitas para operar. Si tienes muchas cosas que hacer, mantener ciertas fechas se convierte en un reto. Para evitar esto, puedes establecer un recordatorio de cuándo tienes que operar. A veces, esto requerirá que seas disciplinado en la realización de tus diversas actividades; las decisiones que tomes, por pequeñas que sean, tienen un gran impacto en tu posibilidad de tener éxito. Utilizar esta estrategia te ayudará mucho mientras haces trading de opciones. Asegúrate de que eres disciplinado a la hora de mantener el tiempo y de operar en los momentos en los que puedes obtener una gran ganancia.

Observa las tendencias del mercado y evita hacer trading con la tendencia. Esto se debe a que su longevidad puede ser cuestionable y, por lo tanto, mantener una acción que se retira mientras no la sigues es perjudicial. Evita hacer trading en contra de la tendencia más atractiva y se prudente reteniéndote. Como trader, debes estar atento a cómo se mueve el mercado. No puedes alcanzar el éxito en un área determinada a menos que entiendas completamente lo que implica. Como persona que pretende dedicarse al swing trading, una de las mejores estrategias que puedes utilizar es conocer el funcionamiento del mercado. Te sorprenderá el poder de tener información. En el mundo en el que vivimos actualmente, la ignorancia te costará mucho. Hoy en día, la información está tan a nuestro alcance que no tenemos excusa para no aprender.

En esta época del trading, en internet se puede obtener fácilmente toda la información que se desee realizando una simple búsqueda. También disponemos de numerosos recursos que nos ayudan a adquirir la información que deseamos. Con la gran cantidad de recursos, ciertamente no tenemos excusa para no tener los conocimientos que necesitamos. También estamos inundados de tanta información que nunca podremos completar el aprendizaje de todo. Cada día salen nuevas noticias y no podemos pararlas. Tener una actitud positiva hacia el aprendizaje y ver el impacto que tendrá en la realización de intercambios swing nos permite mejorar nuestra estrategia cada día.

El swing trading permite diferentes habilidades en el trading, ya que las acciones tardan un tiempo en salir del mercado. Durante este tiempo, el principiante puede repasar los pasos que haya olvidado para fortalecer su proceso de trading. Además de los conocimientos, es necesario adquirir habilidades que te ayuden a realizar diferentes operaciones. Estas habilidades facilitan el proceso de trading. La diferencia entre las personas que tienen éxito en ciertas cosas y las que fracasan radica en el esfuerzo adicional que están dispuestas a realizar. ¿Cuánta hambre de éxito tienes? ¿Cuántos kilómetros adicionales estás dispuesto a recorrer para llegar al lugar en el que te gustaría estar? Tu respuesta a estas preguntas puede decir mucho sobre el tipo de persona que eres. Las personas que tienen éxito tienden a dejarse llevar por sus ambiciones.

Esto no sólo se aplica en otros aspectos de la vida, sino también en el swing trading. Hay muchas decisiones que tomarás, que influirán en tu resultado general. Para convertirte en un buen trader, tendrás que idear algunas tácticas y estrategias que hagan que las operaciones sean manejables. Algunas personas tienden a verlo como algo complejo, sin embargo, es muy fácil idear tácticas y estrategias. Lo único que se necesita es tener un conocimiento adecuado de cómo funciona el swing trading. Una vez que tengas la información, es fácil llegar a las estrategias.

Entender las órdenes de trading

Los mecanismos de trading se refieren a la logística que hay detrás de la negociación de valores y activos. Esto es independiente de los mercados y tipos de trading. El mecanismo, en su mayor parte, es el mismo. Los diferentes mercados pueden ser distribuidores, OTC o grandes bolsas. El mecanismo de trading es la operación por la que tienen que pasar los traders. Es el mecanismo que conecta a los compradores con los vendedores y viceversa. Vamos a repasar los entresijos de los mecanismos de trading, los tipos de mercados, las técnicas para colocar una orden, vender una posición y otras cosas relacionadas.

Para empezar, analicemos los 2 tipos básicos de mecanismos de negociación, que son los mercados orientados por cotizaciones y los mercados orientados por órdenes. Dado que los creadores de mercado proporcionan estos precios, estos sistemas son adecuados para los creadores o distribuidores OTC. El otro sistema es el impulsado por órdenes. Los vendedores y compradores toman el control del mercado. Colocan órdenes para determinados activos que desean comprar o vender. Ponen los activos a precio de mercado y el mercado los ejecuta al instante al mejor precio disponible.

El mercado orientado por órdenes tiene algunas desventajas. Un creador de mercado, en un mercado orientado por cotizaciones, siempre está dispuesto a comprar o vender siempre que esté dispuesto a asumir las primas más altas del precio cotizado. En los mercados orientados por órdenes, existe la posibilidad de que las operaciones se estanquen durante un tiempo si no se encuentran personas que puedan comprar a un determinado precio o viceversa. Los mecanismos de trading por órdenes, basados en estos sistemas automatizados de casación, parecen ser más adecuados para los activos que son los favoritos de los traders y que tienen tendencia a permanecer líquidos. Los mercados orientados a órdenes incluyen bonos, acciones, opciones y divisas. Hay muchos tipos de órdenes de los que un operador puede beneficiarse.

Orden de mercado

Una orden de mercado puede definirse como una orden de trading para comprar o vender una acción al precio actual. No controlas el precio al que tienes que comprar o vender una acción. Es el mercado el que lo controla.

Hay un mayor nivel de riesgo de deslizamiento en la orden de mercado, ya que el mercado a veces se mueve rápidamente. Si una acción está siendo muy negociada en el mercado, puede haber muchas órdenes de mercado que necesiten ser ejecutadas antes de que tú órdenes. Esto puede cambiar el precio de compra o de venta. Puedes acabar colocando una orden de venta a un precio mucho más bajo de lo que habías pensado o puedes comprar a un precio mucho más alto de lo que habías planeado. Por lo tanto, con una orden de mercado, tienes menos control sobre el mercado.

Orden de límite

La segunda en la lista es la orden límite, que es una orden de trading para comprar o vender una acción a un precio determinado o incluso mejor que ese. Una orden de límite tiende a evitar que los traders compren o vendan a un precio que no desean. Si el precio del mercado no parece estar en línea con el precio de la orden, es poco probable que esta se ejecute. Una orden de límite debería denominarse orden limitada de venta u orden limitada de compra.

Una orden límite de compra es para los compradores. Especifica que un comprador no pagará más de un determinado precio por una acción de cualquier empresa. En ella se establece un límite de precio de compra, por ejemplo, debe considerar una acción con un precio de 15$. Un trader suele establecer una orden límite de compra de 100 acciones por 14$. La operación solo se ejecutará si el precio de esa acción baja a 14$ o menos que eso.

Del mismo modo, una orden límite de venta protege sus inversiones del desperdicio que supone vender demasiado rápido a precio de mercado con muchos riesgos. El vendedor, que tiene una orden de venta limitada, no venderá la acción por debajo de un determinado precio. Solo cuando la acción alcance o cruce la barra de precios, se ejecutará la operación. Tomemos el ejemplo de la misma acción que está valorada en 15$. Necesitas vender 100 acciones a 17$. La operación solo se ejecutará cuando el precio de la acción alcance los 17$. De lo contrario, la orden permanecerá en espera.

Orden de stop

Una orden de stop se denomina orden de *stop-loss*. Es una operación que está diseñada para limitar y proteger a un trader de pérdidas en una determinada posición. Una orden de stop venderá una acción cuando alcance un determinado precio. Una orden de stop se asocia generalmente a una posición larga, pero también puede utilizarse con una posición más corta. Es probable que se compre la acción si está cotizando por encima del precio de la orden de stop.

Pongamos un ejemplo. Un operador decide vender una posición. Si se desliza hacia atrás hasta los 5$ desde su posición actual de 8$, él o ella colocarían una orden de stop a 5$ para que cuando el precio baje, se ejecute la orden de venta y se ahorre una pérdida mayor.

Un inconveniente es que el trader que podría haberla vendido a 8\$, tendrá que venderla por debajo de ese precio. Otro problema es que la acción no se venderá necesariamente a 5\$. Depende de la oferta y la demanda de la acción en cuestión. Si la acción está cayendo rápidamente, es probable que la orden se ejecute a un precio inferior a 5\$, ya que debe haber muchas órdenes de venta por parte de miles de traders.

Orden límite de acciones

Una orden *stock-limit* es una orden de trading que tiende a presentar una orden stop y una orden límite. Requiere la colocación de 2 precios que son un stop y un precio límite. Una vez que una acción concreta alcanza el precio de stop, la orden se convierte en una orden limitada. La orden *stop-limit* le garantiza un precio limitado. Por otro lado, también garantiza que una orden se ejecute, pero no al precio de la orden stop. Una orden *stop-limit* también se ocupa de los problemas que una orden stop no ataca. Por ejemplo, un trader posee una acción que cotiza a 20\$. La vendería si el precio cae por debajo de los 15\$, pero solo si la acción puede venderse a 14\$ o más. Para ello, establecería la orden de *stop-limit* fijando el precio de stop en 15\$ y el precio límite en 14\$. Así, por muy rápido que caiga el mercado, su orden se ejecutará no por debajo de 14$ porque ha establecido un límite en la ejecución de la orden.

Orden trailing stop

Una orden *trailing stop* es similar a una orden stop. Sin embargo, funciona sobre la base de un cambio porcentual en el precio de mercado en lugar del precio objetivo. Una orden *trailing stop* está vinculada a una posición larga, pero también puede utilizarse con una posición más corta. En este caso, es probable que se compre la acción si su precio aumenta en función de un porcentaje determinado. Como ejemplo, un inversor compra una acción por 20$. Coloca una orden de *trailing stop* en un 20%. Si la acción tiende a bajar un 20% o más, es probable que la orden se ejecute.

Órdenes si el mercado alcanza (MIT Market-IfTouched)

Esto ayuda a la rápida ejecución de la orden y, al mismo tiempo, permite a los inversores establecer los precios objetivo en lugar de comprar al precio de mercado. El inversor tiene que fijar un precio y si la acción alcanza ese precio, la orden MIT (Orden si el mercado alcanza) se convertirá en una orden de mercado.

Si un trader quiere comprar una acción valorada en 20$, pero no quiere pagar tanto por ella. Coloca una orden MIT con un precio objetivo de 15$. Cuando la acción cae a 15$, la orden MIT se convierte en una orden de mercado y el trader comprará la acción. Como una orden MIT tiende a convertirse en una orden de mercado, conlleva los riesgos de las órdenes de mercado después de la conversión. Existe un alto riesgo de deslizamiento que debe tener en cuenta como operador.

Órdenes de límite si se toca (LIT Limit-If-Touched)

Una orden LIT es igual que la orden MIT. Sin embargo, es diferente en el sentido de que envía una orden de límite en lugar de una orden de mercado. Por ejemplo, una acción está cotizando a 10,50$. No puedes colocar una orden LIT de compra a 10,40$. El precio límite puede fijarse en 10,35$. Si el precio cae a 10,40$ o menos, la orden limitada se colocará en 10,35$. Como es una orden limitada, solo podrá comprar las acciones a 10,35$ o menos que eso. Si no encuentra compradores que estén dispuestos a vender a ese precio, la orden no se ejecutará aunque el precio de la LIT haya alcanzado.

¿Cómo colocar una orden?

El trading o la inversión en una acción que se realiza mediante la compra de un determinado número de acciones de una empresa. La orden queda incompleta cuando la colocas hasta que puedas ver un cambio en el estado de la orden. Hay varias plataformas de trading en línea que puedes utilizar para realizar la compra. También puedes colocar una orden a través de una llamada telefónica directa a tu corredor.

Órdenes de compra

Las órdenes de compra son las que se colocan cuando es probable que el precio de una acción suba a corto o largo plazo, lo que supone un periodo de retención de unos minutos a unas horas. Se trata de la curva demanda-oferta en el mercado de acciones. Cuando la demanda de una acción aumenta en el mercado abierto, es probable que el precio suba considerablemente. Cuando el precio sube a un punto más alto, los traders intradía ven una mayor subida y entran en sus posiciones de compra.

Órdenes de venta

Las órdenes de venta se ejecutan cuando un inversor considera que es probable que el precio de la acción baje a corto plazo. Sin embargo, se basa en el análisis y las predicciones del mercado. La profundidad del mercado alude a la cantidad de órdenes de compra y venta a diferentes niveles de precio en un momento determinado. Se puede analizar la cantidad de órdenes de compra con el precio de venta. Al final, tienes una cantidad total de compra. Del mismo modo, puedes analizar el precio de venta y la cantidad para ver la Cantidad Total de Venta.

Ejecución de órdenes

Las órdenes suelen ser ejecutadas por un corredor en tu favor. El corredor cobra una cantidad por ejecutar las órdenes. En una plataforma electrónica, las órdenes se ejecutan automáticamente.

Notas contractuales

Una nota de contrato es generalmente un acuerdo escrito entre el corredor y el inversor para la ejecución impecable de las operaciones comerciales. La nota de contrato puede enviarse a través de un mensaje automatizado o por correo. Una nota de contrato contiene el nombre de una transacción, los cargos de los corredores, el número de registro de operaciones del corredor, el número de liquidación y una firma digital realizada por el corredor.

Tipos de órdenes en el trading

Los inversores utilizan un corredor para comprar o vender un activo utilizando su opción de formulario de orden. El corredor inicia una orden una vez que el inversor ha decidido comprar o vender un activo. La orden orienta al corredor sobre cómo proceder.

Los valores comerciales suelen negociarse a través de un mecanismo de oferta/demanda. Por esto se entiende que un comprador que está dispuesto a pagar el precio de venta debe estar presente para vender. Es necesario que haya un vendedor dispuesto a ofrecer el precio de compra del comprador. Ningún acuerdo se produce cuando un comprador está allí y el vendedor también está allí. La oferta es el precio más alto anunciado al que alguien está dispuesto a pagar el activo, y la demanda es el precio más bajo anunciado al que alguien está dispuesto a vender el activo. Los cambios en la oferta y la demanda son constantes, ya que cada oferta y cada demanda representan alguna orden.

Las tarifas pueden cambiar cuando se rellenan las órdenes. Por ejemplo, si hay una oferta de 25,25$ y otra de 25,26$, la siguiente oferta más alta será de 25,25$ cuando se hayan completado todas las órdenes de 25,26$. Este proceso de oferta/demanda es una clave para recordar cuando se coloca una orden, ya que el tipo de orden seleccionada afectará al precio al que se completa la operación, cuando se va a completar, o si se va a completar en absoluto.

Tipos de órdenes

Las órdenes son tomadas en la mayoría de los mercados tanto por los inversores individuales como por los institucionales.

Principalmente por los corredores de bolsa, operaciones individuales que requieren colocar muchos tipos de órdenes al hacer negocios. Los mercados facilitan varios tipos de órdenes que proporcionan cierta discreción para invertir cuando se planifica una operación.

Algunos tipos básicos de órdenes son los siguientes:

Una orden de mercado instruirá al corredor en la ejecución de la orden al precio disponible. Las órdenes de mercado no tienen una demanda fija y suelen ejecutarse en todas las ocasiones cuando hay poca competencia en la bolsa. Las órdenes de mercado se utilizan normalmente cuando el trader quiere que las operaciones entren o salgan rápidamente y el precio no es la mayor preocupación que tienen.

El corredor es instruido por el límite de la orden para adquirir en o menos de una cantidad definida, el valor. Las órdenes limitadas hacen que el cliente solo pague un determinado precio de compra del valor. Las órdenes limitadas pueden permanecer efectivas hasta que se ejecuten, expiren o se cancelen. La orden limitada de venta ordena a un corredor vender a un precio superior al precio actual, el activo.

Esta forma de orden se utiliza para que las posiciones largas tengan ganancias a medida que el precio sube más desde la compra. El corretaje es instruido por la orden de *sell stop* para vender si el activo está o llega a un precio menor que el precio actualmente. Una orden de *buy stop* puede indicar al corredor que adquiera un activo hasta que alcance un nivel superior al actual. Una orden de mercado es la orden stop, lo que significa que una vez desencadenada puede tomar cualquier precio u orden limitada stop puede ser y solo puede ser ejecutado dentro de un límite determinado (rango de precios) después de la activación. La orden del día se ejecutará el mismo día hábil en el que se establece la orden. Una orden no es una orden del día sigue siendo efectiva hasta que se cancele. Si la orden no es del día, el trader establece normalmente el vencimiento de la orden.

Los resultados de las operaciones se ven afectados por este tipo de órdenes. Por ejemplo, una orden de compra limitada colocada a un precio inferior al que el activo está cotizando actualmente puede dar un mejor precio al trader si disminuye el valor del activo (en comparación con comprarlo ahora). Pero esperar a que el precio baje hasta el límite previsto implica que, en caso de que el precio no alcance el valor del límite, el trader puede perder la oportunidad de abrir la operación.

Un tipo de orden no es mejor que el otro, es importante seleccionar el adecuado para su estilo de trading y según el mercado en el que esté operando.

Ejemplo de uso de una orden para una operación con acciones.

Un trader debe pensar cómo comprar una acción y en qué condiciones evitará las pérdidas y maximizará las ganancias. Esto significa que potencialmente se pueden introducir 3 órdenes al inicio de la operación: una para entrar, otra para controlar el riesgo si el precio no se mueve como se espera (*stop-loss*) y la orden para cerrar la operación si el precio se mueve en la dirección esperada. Un inversor o trader no puede colocar sus órdenes de cierre al mismo tiempo que inicia la operación, sino que debe saber cómo salir (con ganancias/pérdidas) cerrando la operación, tanto técnica como estratégicamente.

Si un trader decide comprar AAPL (Apple Inc.). Las órdenes deben colocarse manteniendo los riesgos bajo control, pero que puedan asegurar ganancias. Basándonos en la alerta de un indicador técnico, colocamos una orden comercial de compra a 124,15$. La orden alcanzará los 124,17$. La diferencia entre el precio fijado para la compra y el de ejecución se conoce como deslizamiento. No hay que apostar más del 7% en el producto como *stop-loss*, por lo que la orden de venta por 115,48$ un 7% menos. Esto es para obtener una pérdida predecible sin arriesgar demasiado.

Basados en la estrategia, la ganancia esperada es del 21%, lo que implica que la relación es 3 veces la del *stop-loss*. Esta es una fuerte relación riesgo/recompensa. Por lo tanto, el límite de la orden de venta se establece en 150,25$, que es un 21% más alto que el precio de entrada.

En primer lugar, habrá una orden de venta, por la cual se cerrará la operación. En este escenario, el precio primero alcanza el límite de venta, resultando en una ganancia del 21% para el trader.

Definición de orden de mercado

La orden de un inversor es una orden de mercado—realizada normalmente a través de un corredor o servicio corretaje—para comprar o vender una acción al precio mejor disponible en el mercado actual. Es la forma más fiable y rápida de entrar o salir de una operación, y está ampliamente considerada como la mejor manera de entrar en la operación o salir de ella rápidamente.

Las órdenes comerciales entran prácticamente al instante en otras acciones líquidas de gran capitalización. De todas las órdenes la más básica se considera orden de mercado. Su objetivo es que se ejecute al precio de venta existente para la defensa tan rápidamente como sea posible. Es por eso que otros corredores tienen un botón de compra/venta de aplicaciones de trading. Por lo general, se ejecuta una orden comercial haciendo cic en este interruptor. En los casos en que la mayoría de las órdenes de mercado experimentan algunas comisiones bajas de acuerdo al tipo de orden, ya que cualquiera de los corredores que la ejecutan requiere mucho menos trabajo.

Puntos clave

- La orden de mercado es la solicitud de un inversor para la compra y venta de valores.

- Los instrumentos de gran precio como las opciones de gran capitalización, los derivados o los ETFs están bien adaptados a esta orden.

- Una orden de mercado será ejecutada por el trader si está lista al precio solicitado para comprar o al precio solicitado para vender.

Cuándo utilizar la orden de mercado

Para los valores que se negocian en volúmenes extremadamente altos, como las acciones de gran capitalización, los ETFs o los futuros, las órdenes de mercado son muy adecuadas. Para el E-mini S&P las órdenes son de mercado, por ejemplo, una acción como Microsoft tiende a llenarse muy rápidamente sin problemas. En el caso de las acciones con flotaciones débiles o con un valor total regular limitado, la situación cambia. Como estos valores se negocian poco, la distribución de la oferta de compra parece ser grande. Debido a esto, las órdenes de mercado se ejecutan a veces lentamente para valores como éstos, y a precios inesperados a menudo, lo que conlleva importantes costos de trading.

Desplazamiento de la orden de mercado

Implica que, si un trader quiere cumplir una oferta de negociación, el vendedor puede comprar al precio de venta o vender al precio de la oferta. Así, el tipo de ejecución de la orden de mercado abandona el diferencial de la oferta solicitada inmediatamente.

Por razones como ésta, a veces es mejor mirar de cerca el diferencial de la oferta pedida antes de colocar una orden de mercado, sobre todo en el caso de valores poco negociados. No hacerlo podría acarrear costos muy elevados. Esto es doblemente relevante para los individuos que negocian regularmente, o lo que sea que utilice un programa de entrenamiento electrónico.

Orden de mercado vs. Orden limitada

La mayoría de las operaciones básicas de compra y venta son órdenes de mercado. También, en el lado diferente, las órdenes de límite permiten a los inversores un mayor control del precio de oferta o de venta. Se consigue especificando un valor máximo razonable del precio de venta o un precio mínimo aceptable de venta.

Lo ideal son las órdenes limitadas para operar con valores poco negociados, muy volátiles o con mayores diferenciales de oferta.

Ejemplo de orden de mercado del mundo real

Supongamos que los costos de producción de la oferta solicitada para las acciones de Excellent Industries son, respectivamente, 18,50\$ y 20\$, con 100 acciones disponibles a petición. Si el operador coloca una orden de compra de 500 acciones en el mercado, a 20\$ se ejecutarán las primeras 100. Sin embargo, las siguientes 400 llenan las próximas 400 acciones al precio de venta más alto para la venta. Si la acción se negocia muy poco, las próximas 400 acciones podrían ejecutarse en torno a los 22\$ o más. Esta es exactamente la razón por la que el uso de los límites para tales formas de acciones es una idea inteligente. Las órdenes de mercado se ejecutan a un precio de mercado dictado en oposición a las órdenes limitadas o stop que dan más control a los traders. A veces, el uso de las órdenes de mercado puede dar lugar a costos no deseados o significativos en algunos de los casos.

Definición de orden limitada

La más básica de todas las órdenes se considera una orden de mercado. Está destinada a ejecutarse al precio de venta existente para una defensa lo más rápidamente posible. Es por eso que otros corredores tienen aplicaciones de comercio de botón de compra/venta. Por lo general, se realiza una orden de negocio haciendo clic en este interruptor. En los casos de la orden de mercado se incurre en menos comisión de cualquier tipo de orden, ya que cualquiera de los corredores requiere mucho menos trabajo.

u saldo inicial, que era de unos 1.200$.